股市掘金

核心资产板块
股票投资指南

股震子◎编著

中国宇航出版社

·北京·

图书在版编目（ＣＩＰ）数据

股市掘金. 核心资产板块股票投资指南 / 股震子编著. -- 北京 ： 中国宇航出版社，2022.1
ISBN 978-7-5159-2006-1

Ⅰ．①股… Ⅱ．①股… Ⅲ．①股票投资－指南 Ⅳ.
①F830.91-62

中国版本图书馆CIP数据核字 (2021) 第230470号

责任编辑　白希国　　　　　　　装帧设计　宇星文化

出　版发　行	**中国宇航出版社**		
社　址	北京市阜成路8号	邮　编	100830
	(010)60286808		(010)68768548
网　址	www.caphbook.com		
经　销	新华书店		
发行部	(010)60286888		(010)68371900
	(010)60286887		(010)60286804(传真)
零售店	读者服务部		
	(010)68371105		
承　印	北京天顺鸿彩印有限公司		
版　次	2022年1月第1版		2022年1月第1次印刷
规　格	710×1000	开　本	1/16
印　张	13	字　数	191千字
书　号	ISBN 978-7-5159-2006-1		
定　价	39.00元		

本书如有印装质量问题，可与发行部联系调换

拥抱核心资产，把握长牛行情

（代序）

股票价值与投资价值不同。很多绩优股都是有价值的，但若股票价格远远高于内在价值，就不具有投资价值了。换句话说，投资价值是相对于股票价格而言的，即股票价格出现低估时进场买入，股票价格高于内在价值时择机减仓。当然，这是从价值投资角度来说的。在市场上，游资或者短线资金更偏向于具有热门概念的股票，其中有些股票不仅没有投资价值，可能连基本的内在价值都缺乏。站在短线投机的立场，追涨这类股票没有问题，但若想长线持股，则必须从股票的内在价值出发，寻找那些具有长线投资价值的股票，这才是股票投资真正的王道。

从价值投资的角度来看，核心资产类股票永远是市场上最受青睐的品种。若能以较低的价格买入核心资产股票就更好了。事实上，核心资产类股票并不是某一特定的板块或细分领域，而是泛指市场上各行业、各领域中的龙头股。相比行业中其他股票来说，这些股票的发展前景更为确定，业绩更好，市值也要高一些。从投资群体角度，更容易看出核心资产股票与其他股票的区别，核心资产股票一定是基金驻守最多的标的，每只核心资产类股票都会有大量基金驻守。

　　核心资产类股票涉及的细分领域众多，本书篇幅有限，因此仅仅列举了部分细分领域的重点投资标的。当然，书中列举的 6 个细分领域，确实也是当前或未来核心资产股票相对集中的领域，比如消费品板块、医药板块、金融板块、基建板块，还有一些未来若干年内可能会产生超级绩优股的板块，如科技创新板块、新能源板块等。

　　投资者可以按照本书介绍的寻找核心资产股票标的的方法，在其他细分领域中选择符合自己需求的核心资产标的。

　　当然，即使投资者选到了绩优股，也不意味着无论何时买入这些股票都会盈利，投资者可以按照书中给出的估值方法，结合整个市场的行情走势，对股票价格做出大致的预判。其实，对于想要长期持有这些股票的投资者而言，最好的买入机会往往是在熊市中。也就是说，当股价已经大幅走低时，逐步建仓这些股票并长期持有，这才是一种较佳的选择。

　　由于篇幅和笔者精力有限，不可能对整个板块个股一一做出分析，只能选取少量有代表性的股票进行研究。所选股票不一定是所属板块中最佳的投资标的，仅供研究使用，并不构成投资建议。

目 录 CONTENTS

第三章　被动策略：与优势者同行

第四章　核心资产板块概览

第五章　消费品板块核心资产

第八章　金融板块核心资产

第九章　新能源板块核心资产

第十章　基建板块核心资产

第一章

投资核心资产板块，赢得未来

经过 30 年的发展，中国股市正一步一步地走向成熟。这种成熟，不仅是市场运行机制、管理制度的成熟，更是投资者、投资机构的成熟。从最近几年的股市波动来看，前些年"大盘上涨，鸡犬升天；大盘下跌，泥沙俱下"的景象越来越少，更多的行情属于部分板块或个别股票的行情。

特别是随着新股发行常态化，市场上的股票不再是稀缺品。一方面，市场上的股票数量越来越多，另一方面市场上的增量资金却非常有限，这些资金用于购买股票时，必然会有所选择，而最值得选择的股票，只能属于核心资产板块。

第一节　拥抱核心资产

核心资产，是近几年兴起的一个概念。目前，关于哪些股票能够称为核心资产，市场中尚无定论。从字面上来理解，就是具有核心竞争能力的企业。

一、核心资产的定义

尽管各路投资研究机构或投资大咖们对核心资产的理解不同，但概括来说，所谓的核心资产，大致应该满足以下 3 项要求，如图 1-1 所示。

第一，拥有核心竞争力。

这是对核心资产最重要也是最基本的要求。只有拥有自己的核心竞争力，才可能在过去、未来的竞争中取胜。当然，这类企业可以身处传统的充分竞

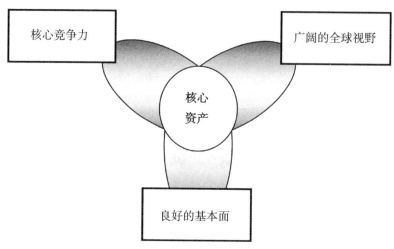

图 1-1　核心资产的 3 项基本要求

争行业，但必须是竞争中的"剩"者，即"剩者为王"，比如贵州茅台、美的电器、中国平安等；也可以身处高成长性行业，能够满足"赢家通吃"的特点，如腾讯、阿里巴巴、美团等。

第二，良好的基本面。

从每股收益、净利润增长率、净资产收益率、营业收入、应收账款、商誉等角度综合评价企业的基本面情况，只有基本面情况优良的企业，才能成为核心资产的候选标的，比如海螺水泥、潍柴动力等。

第三，拥有广阔的全球视野。

核心资产板块的股票，不能仅仅是国内产业竞争中的优势者，还应该具备与国际龙头企业对标的能力。比如在国际竞争中，企业能够在一个产业内取得优势地位，如 5G 行业中的华为、中兴，手机行业中的小米等。

二、抱团，核心资产的必然结果

很多投资者都发现有这样一个现象，核心资产股票存在明显的基金抱团现象。其实，这个问题并不难理解，基金抱团核心资产股票主要基于以下 3 个原因，如图 1-2 所示。

第一，市场优质投资标的稀缺。

图 1-2　基金抱团核心资产的原因

市场上并不缺少可供选择的股票，但投资价值高的股票非常少。一方面，高投资价值的股票，往往会成为若干指数的"常客"和高权重股票，很多指数基金必须被动选择这些股票。另一方面，由于这类股票在市场上非常稀缺，很多主动基金在选择投资标的时，也会优先选择这类股票，这就使得这些具有高投资价值的股票常常有数量众多的基金驻守。

第二，盘子大、股价高，限制了部分散户参与。

盘子大、股价高，是核心资产类股票的另一个显著特点。正是因为这类股票具有这一特点，使得很多散户不愿意买入这类股票。市场上的散户更青睐盘子小、股价低的股票，这类股票的涨跌波动更大，也更容易让一些投资者快速获得暴利。当然，这只是理论上的情形。事实上，低股价的小盘股下跌起来也毫不含糊，很多散户都吃过这类股票的苦头。盘子大、股价高的股票散户参与少，股价波动小，也就更适合基金投资。另外，这类股票的走势总是呈现长线振荡上扬的态势。

第三，从长远角度来看，核心资产的股价仍是偏低的。

很多散户不愿意买入核心资产类股票，其中一个原因就是绝对股价高。当然，这些股票的股价相对于前几年的价格可能确实很高了，但相对于这些股票的成长性来看，很多股票价格仍然是低估的。从我国国民经济发展的角度来看，很多行业的成长空间仍然很大，这些行业的龙头股必然会率先获益，其成长性是不需要质疑的。从长远来看，这些股票的股价可能并不是高估了，而是低估了。正因如此，很多基金才会将核心资产类股票列为主要的持仓股，而且还会有越来越多的基金参与其中。

三、核心资产，长牛开启

随着核心资产在资本市场上越发受到重视，核心资产类股票的长线牛市事实上已经开启。当然，核心资产类股票的牛市，并不等同于整个 A 股市场的牛市。未来的市场，普涨普跌的格局将会越来越少，更多的情况属于局部股票的上涨，而核心资产类股票一定是其中最为闪耀的存在。

具体来说，这种长牛的推动力量包括如下 3 个方面，如图 1-3 所示。

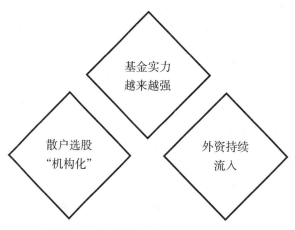

图 1-3　核心资产类股票长牛的基础

第一，从国内投资者来说，机构投资者的实力日趋强大。越来越多的投资者倾向于将钱交给专业的基金公司来打理，而核心资产类股票又是这些基金公司的"宠儿"，这在一定程度上保证了核心资产类股票持续有新鲜血液注入，保证股价持续上行。

第二，散户选股"机构化"。随着股市的发展，市场上的散户在投资理念上也日渐成熟。尽管短期内 A 股市场上的散户不会明显减少，但其操作风格日益向基金等投资机构靠拢。在选股和持仓方面，他们会追踪一些知名基金机构或基金经理的脚步。随着散户投资风格向基金等机构转向，越来越多的散户也开始将核心资产类股票列为投资的首选。

第三，外资持续涌入核心资产板块。这是一个肉眼可见的现象，市场上每天都有大量的国际资金借助沪港通和深港通流入 A 股市场。尽管国际资金偶有流出的情况，但整体上流入的资金规模要远远大于流出的规模，这些资金最终流向哪里了？答案是最终都会沉淀在核心资产板块股票的股东列表中。大家知道，我国金融领域的改革目前仍处于初期，未来还会继续深入，随着资本市场开放的程度越来越高，未来还会有更多的外资进入 A 股，这些资金的涌入，势必会抬升核心资产类股票的整体价格水平。

第二节　核心资产类股票选股策略

如何从众多的股票中选出核心资产类股票，这是普通投资者最为关心的。一般来说，投资者可以通过这样 2 类策略选择目标股票，如图 1-4 所示。

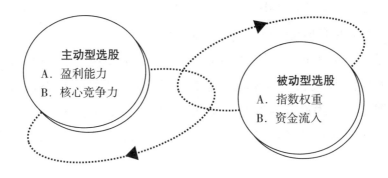

图 1-4　核心资产选择策略

实战中，投资者也可以将 2 类选股策略进行综合，以便选出自己心仪的目标股票。

一、主动型选股策略

主动型选股策略，是指投资者主动从备选行业中挑选合适的核心资产类标的。投资者选出的股票，一般需要满足这样 3 个条件，如图 1-5 所示。

第一，行业龙头股。

尽管行业并不是绝对的因素，但新兴产业肯定比传统产业具有更大的发

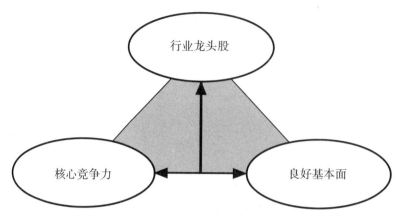

图 1-5　主动型选股策略

展空间。新兴成长产业中，也更容易诞生优质的白马股。同时，在很多新兴成长产业中，拥有更长赛道的企业，也会拥有更广阔的发展空间。当然，这并不意味着传统竞争行业中就不会产生核心资产类股票，事实上，目前，核心资产类股票更多地还是出现在传统竞争行业中。

在这些传统竞争行业中，龙头股是首选。在各个细分领域中，龙头股往往拥有更好的发展机遇，因而也更容易获得市场资金的青睐。这些股票也应该成为核心资产类股票的重要组成部分，如白酒领域中的贵州茅台、五粮液，家电领域中的美的集团、格力电器，医药板块中的恒瑞医药、长春高新等。

第二，核心竞争力。

无论企业身处何种行业，只要其自身具有较强的竞争能力，也会拥有较强的获利能力。关于核心竞争力问题，股神巴菲特曾列举了一些评估核心竞争力的方法，如强大的品牌优势、垄断性优势、特许经营权等。

第三，优良的业绩。

这是优质股票的共性特征。无论一家企业有多强的竞争力，这种竞争力最终还是要表现在业绩方面。投资者需要重点关注的业绩指标包括每股盈利增长率、净资产收益率等。

二、被动型选股策略

被动型选股策略是与主动型选股策略相对的一个概念，是投资者自己不对股票所在行业、基本面等因素进行筛选，而是利用其他机构的数据直接获得核心资产类股票。

目前，投资者可以直接获取核心资产类股票的方式包括以下 3 类，如图 1-6 所示。

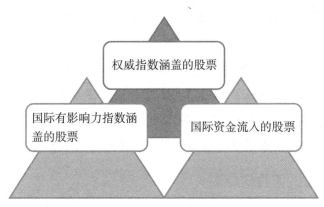

图 1-6　被动型选股策略

第一，通过权威指数获得核心资产类股票。

目前，市场上比较有代表性的指数包括沪深 300 指数、上证 50 指数、科创创业 50 指数等。这些指数涵盖的股票多为行业内的龙头股，同时这些指数还有数量众多的基金进行追踪。比如，沪深 300 指数就是目前众多指数基金追踪的主要标的，因此，沪深 300 指数中所占权重较大的股票，就可看成我国的核心资产标的。

第二，通过国际上有影响力的指数获得核心资产类股票。

随着我国金融领域对外开放的深入，越来越多的境外资本开始买入国内的 A 股，同时，很多境外的权威指数也开始纳入 A 股中的股票。最近几年，MSCI 指数、富时罗素指数、标普道琼斯指数三大国际指数先后纳入 A 股，这一方面说明 A 股的国际影响力在增强，另一方面也意味着会有更多的国际资本被动地进入 A 股市场，投资 A 股。

被这些国际指数纳入的股票，特别是权重较大的股票，基本上都是核心资产类股票。

第三，追踪国际资金持续流入的股票。

投资者可以通过观察港股通资金流向，查看外资借道香港流入 A 股的资金都买入了哪些股票，这些股票往往属于典型的核心资产范畴。

第三节　核心资产的基本交易策略

核心资产板块的股票大多有多只基金驻守，走势相对稳定，这使得很多投资者产生了核心资产板块的股票都不适合进行短线或波段交易的印象，其实这是一种误解。从投资角度来看，核心资产板块是一种投资相对安全且收益有保证的标的，而且可供选择的投资策略并不少，甚至还可以说非常丰富。

一、长线价值投资策略

对于核心资产板块来说，长线价值投资策略也许是最合适的选择。从短线来看，很多核心资产板块的股票涨跌幅度都不大，但若从长线持股角度来看，这一板块还是有很多长线牛股的，比如保险领域的中国平安，白酒领域的贵州茅台，医药板块的恒瑞医药等。

一般来说，在股市处于低位时入手一些经典的核心资产板块中成长性较佳的股票，并长期持有，一定会有不错的收益。

下面来看一下中国平安的日 K 线走势图。

如图 1-7 所示，中国平安的股价在 2017 年 4 月 12 日仅为 28.08 元（复权后），到了 2020 年 11 月 30 日，该股股价已经上涨至 94.62 元。也就是说，在 3 年多的时间里，该股股价翻了 3 倍多。

回顾中国平安的股价历史走势可以发现，随着该股盈利能力的稳定提升，其股价一直呈现振荡上扬态势。由此可见，只要投资者能够长线耐心持有中国平安这类股票，就能获得相对较好的收益。

图 1-7 中国平安（601318）日 K 线走势图

二、中期波段操作策略

事实上，在某些情况下，核心资产板块的股票也可以进行中期波段操作。特别是某类核心资产股票短期内出现快速上升时，往往会给投资者提供一个波段操作的机会。从以往的经验来看，一只股票的股价短期内出现大幅上升走势后，必然会面临调整，核心资产板块也不例外。

当然，与判断其他股票启动点的方法相似，核心资产股票中期波段的启动与终止，也需要借助 K 线形态、技术指标等方法来分析。

第一，K 线形态。当股价 K 线走出阶段底部形态或某种整理形态时，某一交易日股价 K 线放量向上突破重要阻力位，意味着股价将要启动上升行情。

第二，技术指标。当股价启动上升走势时，技术指标一般会同步发出高质量的买入信号，如 MACD 指标在 0 轴附近金叉，股价向上突破布林线中轨且布林通道喇叭口放大等。

第三，背离形态。当股价启动上升走势时，若股价 K 线与成交量或技术指标呈现明显的底背离形态，无疑可以增强股价上升的概率。

最为典型的一个案例就是 2020 年 7 月初，随着大盘的爆发，科技股出现了暴动行情。在这一波拉升过程中，很多科技股都出现了大幅上扬走势。紫光国微属于集成电路芯片领域内的绝对核心股票，自然也出现了大幅上涨走势。

下面来看一下紫光国微的案例。

如图 1-8 所示，2020 年上半年，紫光国微的股价一直呈横盘振荡走势。到了 6 月下旬，该股股价出现了下行态势，给人一种即将走低的感觉。

2020 年 7 月 1 日，该股股价放量上攻，并突破了前期高点，MACD 指标也同步发出了买入信号（0 轴附近形成黄金交叉），意味着股价正式进入上升趋势。

此后，该股走出了一波大幅上升走势。到 8 月 7 日，该股股价的上涨动能基本耗尽，随后股价进入振荡下行趋势。

该股整个上升阶段攻势迅猛，其后必然会出现一波调整，这就为波段交易提供了很好的操作机会。

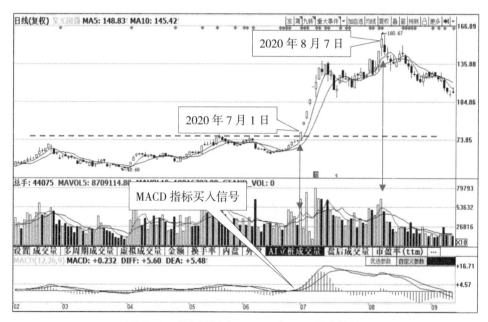

图 1-8　紫光国微（002049）日 K 线走势图

第二章

主动策略：三维定位核心资产

主动型选股策略，与其他选择绩优股的方法有些类似，只不过这里要选的股票不是简单的绩优股，而是能够持久地维持绩优状态，且在行业中位居前列的绩优股。主动型选股策略一般需要从以下 3 个维度入手。

第一节 行业龙头股

在核心资产板块，龙头股的定义与其他板块有所不同。核心资产板块中，龙头股肯定是行业或细分领域内的竞争胜出者，但并不是每个行业或细分领域的胜出者都能够称为核心资产板块股票。只有在一个充分竞争且行业规模与成长空间足够大的行业或细分领域，胜出者才能成为核心资产板块股票的候选标的。

一、传统竞争行业："剩者为王"

行业的成长性固然是企业持续成长的基础，但这并不意味着传统行业不能出现持续盈利的企业。事实上，由于新兴行业的成长与培育尚需时日，核心资产板块中的股票大多数仍然来自传统行业。

1. 行业特点

能够孕育核心资产的行业，往往具有这样 4 个典型特点，如图 2-1 所示。

第一，行业发展进入成熟稳定期，但并非明显的衰退期。这就保证了短期内该行业不会消亡或者出现大幅衰退。

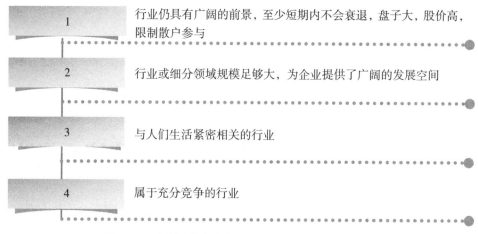

1	行业仍具有广阔的前景，至少短期内不会衰退，盘子大，股价高，限制散户参与
2	行业或细分领域规模足够大，为企业提供了广阔的发展空间
3	与人们生活紧密相关的行业
4	属于充分竞争的行业

图 2-1 产生核心资产类股票的传统竞争行业的特点

第二，行业或细分领域规模足够大。只有行业或细分领域足够大，才能会为这些龙头企业提供足够的发展空间。比如，在一些白酒饮料行业，很多细分领域都出现了大型龙头企业，当然这与行业和细分领域规模足够大有关。一个白酒细分领域，就可能产生多只核心资产类股票，这与行业规模巨大有直接的关系。

第三，与人民生活紧密相关的行业。在可以预见的未来，这些企业很难被替代，且很多企业已经在该行业中建立了竞争优势，像一些刚需型消费行业内的股票，如消费品行业、医药行业、金融业等。

第四，这些行业属于典型的充分竞争行业。若行业集中度已经相对较高，则掌握了较高市场份额的企业的股票，更可成为核心资产股票，如水泥、钢铁、建材等周期性行业内的龙头股，仍具备较强的盈利能力。

2. 股票特点

身处传统行业，如要成为核心资产股票，往往具有以下 3 个共同特点，如图 2-2 所示。

第一，"剩者为王"。这些企业都是在经历了多轮激烈竞争之后的胜出者。传统行业都是经过多年发展且已形成充分竞争的行业，历经多年竞争能够胜出者或剩下的行业领先者，往往是核心资产类股票。

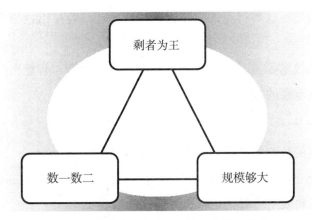

图 2-2　传统竞争行业核心资产股票的特点

第二，数一数二。这些企业往往都是一个行业内的标杆企业，从整个行业的排名情况来看，也是行业内的"数一数二"者。

第三，营收和市值达到一定的规模。这些企业的营收和市值大多已经达到对某类指数或细分市场产生一定影响的程度。

二、新兴成长行业：赢家通吃

在新兴成长行业中选择核心资产股票时，遵循的是另外一种逻辑，毕竟整个行业尚处于培育期和发展期，市场竞争不算激烈，技术迭代更新的频率又比较高，这使新兴成长行业具有与传统行业完全不同的特点。

1. 行业特点

新兴成长行业总是充满了机遇与风险，既可能孕育出伟大的企业，也可能让一些昨天的明星企业一夜之间跌落神坛。这些能够孕育核心资产股票的新兴成长行业，一般具有这样 3 个特点。

第一，处于加速周期的产业。一个正处于快速上升周期或者国家重点扶持的产业，将会获得更快、更好的发展。这些产业内部更容易诞生一些优质的企业，很多核心资产类股票就产生于此，比如芯片、新能源、信息技术等领域。

第二，从行业发展的角度来看，在未来 3 年甚至更长的时间里，将会持续这种上升趋势。这类行业的天花板还没有出现，容易给投资者较大的想象空间。

第三，新技术赋能的传统行业。如高端智能制造、智慧医疗等行业，也是投资者重点考察的方向。

2. 股票特点

该行业内的核心资产股票具有如下 3 个典型特点。

第一，企业掌握的技术或生产的产品具有一定的稀缺性或不可替代性。当然，这种稀缺或不可替代也可以专指国内市场。

第二，面对未来国际竞争。一些核心科技领域内的企业，也可能会获得较好的发展时机，如中芯国际、寒武纪等。

第三，对于该行业内的股票来说，有时市值和营收并不是重要的参照标准，毕竟很多拥有核心技术的企业，营收规模和市值还不够大，但其市场占有率很高，这与行业处于培育期有关。不过，这些企业的发展速度必须足够快，以速度弥补规模上的不足。只有发展速度足够快，才能跟上国际竞争的步伐。

第二节　核心竞争力

核心竞争力是指那些在过去建立起来的、能够显著地与其他同类企业进行区分的某种竞争优势。这种竞争优势必须是其他企业不具备的，也不可能与之抗衡的。股神沃伦·巴菲特曾经说过："投资的关键在于确定一家指定公司的竞争优势，尤为重要的是，确定这种优势的持续期。被宽阔的、长流不息的护城河所保护的产品或者服务，能为投资者带来丰厚的回报。"

一、拥有高技术壁垒

拥有高技术壁垒的企业，是指掌握了较为尖端的、其他企业没有掌握的技术的企业。这些尖端技术是其他企业无法掌握或者短期内无法掌握的。

1. 技术壁垒的类别

拥有高技术壁垒的企业包括以下 3 类。

第一，独家掌握某种核心技术。企业掌握的技术是其他企业没有掌握或者短期内无法突破的技术，这类企业拥有最强的技术壁垒。在其他企业突破这项技术前，拥有高科技壁垒的企业，将会独享这类技术带来的巨大收益。

第二，拥有核心技术的几家企业中的一员。这类企业在 A 股市场上比较多，投资者需要识别该企业在这几家企业中的技术实力，以及竞争对手、客户应用该技术的情况。若其他企业都属于国外企业，只有这家企业是国内企业，那么它会很容易地独享该技术在国内市场带来的收益。

第三，众多拥有某项核心技术企业中的一家。对于这类企业而言，高技术壁垒的作用已经并不明显。企业要想获得更多的利益，必须不断地拓展市场，与竞争对手周旋，方可赢得市场，赢得客户。也就是说，这类企业具有的竞争优势只是一种相对优势，并非绝对优势。

2. 分析要点

识别高技术壁垒的分析要点有如下 3 个。

第一，壁垒的厚度。

技术之所以能够被称为"壁垒"，是由于不容易被别人攻克。若其他企业很容易就可以攻克这一技术壁垒，那么这个壁垒的意义也就不大了。当然，这里还有一些专利和知识产权保护的因素。也就是说，企业在构建技术壁垒时，可以依托专利和知识产权保护来加厚壁垒。不过，专利和知识产权保护都是有时间限制的，投资者在分析投资标的掌握的技术专利以及核心技术壁垒时，需要重点考虑这些专利、知识产权发挥保护作用的时间。

第二，壁垒能够带来的利益。

并不是所有的壁垒都能给企业带来巨额利润，只有那些经济价值较高的技术壁垒，才会让企业赢得竞争，赢得利润。同时，选择核心资产股票时，投资者还需要识别这些技术壁垒所能带来的收益是当下的，还是预期的。若是预期的，那么需要多长时间兑现。通常情况下，只有短期内能够兑现的才是比较真实的。

第三，技术的可替代性。

没有永远不过时的技术。目前，第四次工业革命刚刚启动，许多行业都可能面临革命性变革。很多今天看来属于非常前沿的技术，明天就有可能被淘汰。投资者选择核心资产股票时，要考虑这些企业掌握的核心技术有无被替代的可能。

下面来看一下万华化学的案例。

万华化学集团是世界上掌握异氰酸酯（MDI）生产核心技术的 6 家企业之一，国内唯一能生产 MDI 的公司。技术壁垒确立了公司在 MDI 市场上的垄断地位，国内市场占有率为 30%。万华化学最近几年的净资产收益率平均值在 20% 以上，特别是 2017 年，更是超过了 50%，这说明该公司的经营情况良好。

下面再来看一下该股的日 K 线走势图。

从图 2-3 中可以看出，万华化学的股价自 2016 年 12 月中旬的 10.06 元（复权价）启动上涨，到 2021 年 2 月 18 日到达了 148.88 元的高位，股价翻了 10 多倍。由此可见，市场上具有强大核心竞争力的股票，是非常容易受到资金青睐的。

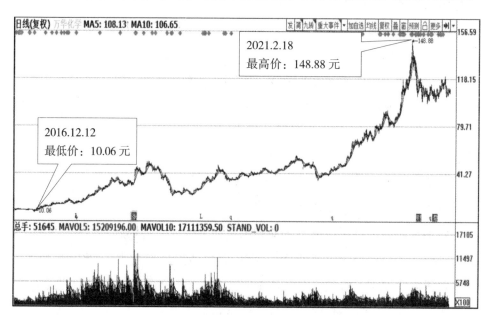

图 2-3　万华化学（600309）日 K 线走势图

二、垄断性优势

垄断性优势，有些时候会与高技术壁垒、品牌优势重合，这是一种绝对的竞争优势。若市场上只有一家企业能够为消费者提供所需的商品，那么这家企业就拥有了绝对的垄断性优势。

1. 垄断性优势的特征

垄断性优势具有如下 3 个特征。

第一，作为市场上某种商品的唯一供应商，消费者没有过多的选择。

第二，消费者愿意为该商品支付相应的价格。

第三，市场上没有较好的替代品。

具有垄断性优势的企业，往往具有以上 3 个特征。这种垄断性优势也体现在企业的财务报表上，即企业财务利润持续、稳定地上升。当然，这类企业往往也会成为市场上各路资金的宠儿。

2. 垄断性优势分析要点

通常情况下，垄断性优势都能给企业带来相当丰厚的利润，不过，并不是每个拥有垄断性优势的企业的股价都会不断走高，投资者还需要关注以下 3 点。

第一，业务多元化程度。上市公司业务多元化已经是非常普遍的现象了，而垄断性企业在涉足其他领域时，往往会显得力有不逮。很多垄断性企业涉足其他业务时，不仅不会扩大自己的战果，还可能让这部分新增业务蚕食垄断业务的利润。投资者在分析具有垄断性优势的企业时，要重点考虑其垄断性业务在企业整个营收体系中所占的比重。

第二，垄断优势的可持续性。垄断优势持续的时间越长，企业收益越大。不过，从历史经验来说，一家企业拥有的垄断优势都有时间限制，如某项技术被其他企业超越，或者出现的替代品直接打破了垄断局面等。

第三，内部成本控制水平。垄断优势可以为企业带来丰厚的回报，但企业利润的形成除了与收入项目有关外，还与成本与支出项目相关。若企业内部成本控制做得不到位，仍有可能出现手握垄断优势却连年效益不佳的情况。

下面来看一下长春高新的案例。

长春高新技术产业（集团）股份有限公司是一家经营生物医药、健康产业为主，房地产开发为辅的公司。该公司生产的重组人生长激素系列产品，占据了国内很大的市场份额，特别是水针剂和长效生长激素，直接垄断了国内市场。生长激素产品的垄断性优势，为该企业带来了巨大的利润。

从长春高新的财务报表中可以看出，该公司近几年内的净资产收益率和营业收入增长率都维持在 20% 左右的水平，这说明该股的成长性良好。

下面再来看一下该股的日 K 线走势图。

如图 2-4 所示，长春高新的股价在其上市后一直呈振荡上升状态。该股股价每次创下一个阶段新高后，都会有回调动作，其后再度创出新高，如此往复。该股股价从 2017 年 4 月 11 日的 51 元，经过 4 年多的时间，上涨至 2021 年 5 月 17 日的 522.20 元，股价翻了 10 倍有余。由此可见，对于投资者来说，持有一只核心资产股票，往往都会有较丰厚的回报。

图 2-4　长春高新（000661）日 K 线走势图

三、强大的品牌优势

品牌优势是企业诸多优势中最重要的一种。强势品牌可以轻松占领消费者的心智。当消费者购买商品时，这些强势品牌理所当然地成为首选。例如，当你想要购买高档白酒时，自然会想到贵州茅台、五粮液等品牌；想要购买家用电器时，可能会想到海尔、格力等品牌。一家企业若能在某一细分领域建立强大的品牌优势，将会收获丰厚的超额利润。

1.品牌优势的类别

拥有品牌优势的企业包括这样2类。

第一，通过历史传承形成的老品牌。这类品牌的价值是难以估量的，因为企业的产品都是经过历史检验的。这些品牌给企业带来的收益也是无法估算的，比如同仁堂、云南白药、贵州茅台等一些中华老字号品牌。

第二，通过自身努力逐渐建设起来的品牌。这类品牌是随着企业生产产品以及服务质量的提升逐渐在消费者心目中建立起来的。当然，广告宣传在这里也起到了相当大的作用。例如，海尔的白色家电、格力的空调等。这种品牌优势一旦建立，将会很容易从众多竞争品牌中脱颖而出，成为消费者购物的首选。

2.品牌优势分析要点

通常情况下，品牌优势都能给企业带来相当大的利润。不过，投资者利用品牌优势选择核心资产股票时，还要注意这样3点。

第一，品牌强势程度。只有品牌强势程度高，才能获得更多的超额收益。几乎所有的企业都有自己的品牌，而且有些企业的品牌确实存在较高的知名度和美誉度，但这与具有品牌优势的企业存在明显的差别。具有品牌优势的企业，是可以单纯地凭借品牌即可赚钱的，也就是说，消费者一见到该品牌就会无条件地接受。

第二，品牌的维护情况。具有品牌优势的企业就如同一个有着良好信誉的个人，个人的行为举止都可能会为自己的信誉加分或减分。企业也一样，若企业对自己的品牌保护不力，甚至为了短期利益对品牌不加限制地滥用或授权给其他组织使用，都可能削弱品牌的价值。也就是说，选择企业时，投资者不仅要看一个企业是不是具有品牌优势，还要看其品牌维护与保护情况。

第三，内部成本控制水平。与具有其他优势的企业相同，具有品牌优势的企业也需要注意企业的内部控制。若企业内部成本控制做得不到位，仍有可能出现手握品牌优势却连年效益不佳的情况。

下面来看一下贵州茅台的案例。

贵州茅台酒股份有限公司是一家主要经营贵州茅台酒系列产品的公司。该公司的贵州茅台酒系列产品，在市场上享有很高的声誉。其生产的茅台酒被称为世界三大名酒之一，拥有很高的品牌知名度和美誉度。该企业的产品属于稀缺型消费品，对下游经销商具有很强的议价能力，而且经常出现供不应求的情况。基于强大的品牌优势，该公司的经营效益极佳，净资产收益率连年走高，销售毛利率能够达到90%。可以预见，在未来，该股仍具有较佳的成长性。

再来看一下该股的日 K 线走势图。

从图 2-5 中可以看出，贵州茅台的股价自 2017 年 4 月 17 日的 319.91 元

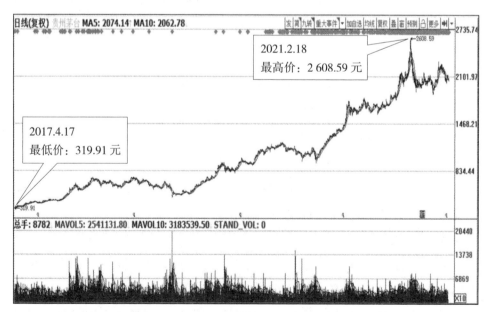

图 2-5　贵州茅台（600519）日 K 线走势图

启动上涨，到 2021 年 2 月 18 日到达了 2 608.59 元的高位，股价翻了 8 倍多。由此可见，市场上具有高度成长性的股票，是非常容易受到资金青睐的。

第三节 稳健的基本面

基本面是无论选择何种股票都无法绕过去的一个重要参考指标。不过，对于身处传统竞争行业和新兴成长行业的股票，大家对其基本面的要求肯定有所不同。对于传统竞争行业内的企业，投资者应该重点关注其盈利能力、净资产收益率以及市盈率等指标，对新兴成长行业中的企业，净利润增长率、营收增长率则是非常重要的指标。

同时，企业的增长质量也是非常重要的指标。在评估核心资产股票质量时，经常会提及一个内生增长的概念。内生增长是指企业不依赖外力作用推动而实现的营收与净利润的提升。在 A 股市场上，虽然有很多股票在某些年份取得了较快的增长，但这种增长更多地是通过兼并、重组获得的，对于这种增长，大家就要保持警惕。这里并不是说兼并、重组不好，而是兼并与重组之后带来的财务指标变化，并不能真实反映企业的增长情况，投资者还需要进一步观察其后的运营情况。

一、每股收益及净利润增长率

每股收益即每股盈利（EPS），又称每股税后利润，指企业税后总利润与股本总数的比率，它是评估股票投资价值的重要指标之一。用通俗的话来讲，每股收益就是你买入一股股票，在某一财务周期内能够获得的收益情况。通常来说，一只股票的每股收益越高越好，但还要与该公司的股本总数和股价综合起来进行考虑。

实战中，对股票收益情况的评估，更多地是围绕净利润增长率（也就是每股收益的年度增长率）展开的。不同行业或企业之间比较每股收益是没有意义的，另外，不同的行业有不同的属性，大家对企业净利增速的要求也会有所不同。

每股收益增长率的计算方式如下：

每股收益增长率＝（当期每股收益－上期每股收益）/上期每股收益

1. 传统竞争行业

在传统竞争行业，已经建立了足够优势地位，且营收已经达到极大规模的企业，每股收益增长率能保持10%～30%的增速就是很高的水平了。

当然，分析具体企业的净利增速时，还需要考虑这样2个因素。

第一，企业所处行业的发展阶段。尽管同属传统竞争行业，但各个行业和细分领域的竞争态势和发展阶段也会有所区别。有的行业仍处于快速发展期，有的已经进入成熟期，有的则进入衰退期。行业周期不同，大家对企业净利增速的要求也会有所不同。

第二，在一些濒临衰退的行业中，净利增速能够保持较高增速的企业更是难能可贵。但是，随着科技的发展，有些进入衰退的行业，可能会因为科技革新而迎来另外一个春天，比如水泥、钢铁等行业，就比较容易产生这类企业，毕竟这些行业未来仍有较大的需求，当然，这些行业的企业也因为面临环保监管以及产业升级的压力，需要通过技术革新与进步来实现企业转型。这些行业中的龙头企业若能把握这种机会，不仅不会降低其竞争优势，还会迎来更好的发展契机。大家在评价转型期的运营成果时，也要借助净利润增长率来进行分析。

2. 新兴成长行业

在新兴成长行业中，很多刚刚建立优势竞争地位的企业，其净利增速能够达到50%，甚至100%的水平。

当然，分析具体企业的净利增速时，还需要考虑这样2个因素。

第一，净利增速需要与营收水平相对应。对于营收规模相对较小的企业，肯定需要较高的净利增速相匹配，否则难以在竞争中胜出。相反，一些营收规模较大的企业，其保持较高的净利增速就会相对困难一些。

第二，很多新兴成长行业，特别是一些科技行业的初创型企业，很可能在一些年份出现净利增速为负数的情况。此时，投资者需要分析净利下滑背后的原因，只要其内在增长逻辑没有改变，就不能因为某一年度或几个年度净利下滑而否定一只优秀的个股。

二、市盈率（P/E）

市盈率是最能直观反映股票估值水平的一个指标。大家选出核心资产股票并不是唯一的目的，还要知道何时核心资产股票的价格最便宜，这才是更重要的。即使一只股票的竞争力很强，若其市盈率过高，也不具有投资价值。毕竟，投资者还要通过交易股票来获利，低点买入、高点卖出，才是永恒的获利法则。也就是说，即使投资核心资产类股票，也需要选择低市盈率的标的。

市盈率也称"股价收益比率"或"市价盈利比率"，是最常用的衡量股价是否合理的指标之一。其基本计算公式为：

市盈率＝股价／每股收益

在具体计算市盈率时，股价通常以最新股票报价为准，每股收益则以上一年度的每股收益为计算依据。市盈率反映了按照当期股票的收益，需要多少年能够收回投资成本。例如，以上一年度每股收益为依据，一只股票的市盈率为20倍，则说明按照该股上一年度的每股收益，投资者需要20年才能拿回买入股票的成本。

市盈率分为动态市盈率和静态市盈率2种。

1. 静态市盈率

静态市盈率，就是通常所说的市盈率，是通过将最新股价与上一年度每股收益相除获得的。静态市盈率反映的是以当前的盈利状态，投资者收回投资成本需要多少年的时间。通常情况下，市盈率越低，说明投资者可以在更短的时间内收回投资，股票的投资价值越大。不过，在具体实战中，并不能简单地按照市盈率高低来选择股票。

第一，行业不同，判断市盈率高低的标准也不同。比如，银行业的市盈率普遍较低，不能因此断定所有的银行股都是最具有投资价值的。创业板内的股票普遍存在高市盈率的状况，这一方面是因为创业板股票属于市场上稀缺品种，因而存在一定的溢价；另一方面则是由于创业板股票往往被认为具有较高的成长性，市场资金愿意接受其高市盈率的情况。

第二，从反向来看待市盈率高低更能说明问题。一些高市盈率的股票得以存在，且涨势更好，说明市场资金愿意接受其高溢价，未来这类股票也可能会继续上升。因此，通过市盈率选择股票时，投资者必须学会辩证地思考，不能一概而论。

下面来看一下恒瑞医药的财务数据。

从图 2-6 中可以看出，恒瑞医药的市盈率达到了 70.45 倍。也就是说，投资者要想通过该股的每股盈利来收回投资成本，大约要等上 70.45 年，当然，这还不包括红利税等因素。从这种情况来看，这只股票的市盈率应该算是很高了。

公司亮点：国内化学制药实力第一，最有机会挑战国际医药巨头的中国公司			市场人气排名：30 行业人气排名：1	
主营业务：药品研发、生产和销售。			所属申万行业：化学制药	
概念贴合度排名：仿制药一致性评价 ，生物医药 ，细胞免疫治疗 ，MSCI概念，标普道琼斯A股，感知氧气，沪股通，融资融券，同花顺漂亮100 详情>>			财务分析：权重股，一线蓝筹	
可比公司：（综合制药）	国内市场（4）：复星医药、翰森制药、石药集团、中国生物制药		全部∨	对比>>
	国外市场（17）：辉瑞、百时美施贵宝、诺华、礼来、吉利德科学、默克制药、艾伯维、安进、生化…		全部∨	
市盈率(动态)：74.48	每股收益：0.23元（分红转增后）	每股资本公积金：0.52元	分类：超大盘股	
市盈率(静态)：70.45	营业总收入：69.29亿元 同比增长25.37%	每股未分配利润：3.49元（分红转增后）	总股本：63.97亿股	
市净率：13.85	毛利率：80.86%	每股经营现金流：0.03元（分红转增后）	总市值：4458.40亿	
每股净资产：5.03元		净资产收益率：4.78%	流通A股：63.68亿股	
最新解禁：2021-10-25	解禁股份类型：股权激励限售股份	解禁数量：1198.40万股	占总股本比例：0.19%	
更新日期：2021-06-25	总质押股份数量：7890.00万股	质押股份占A股总股本比：1.23%		

（图中标注：市盈率 70.45 倍）

图 2-6　恒瑞医药（600276）基本财务数据

下面再观察一下该股的日 K 线走势图。

从图 2-7 中可以看出，恒瑞医药的股价自 2017 年 5 月 2 日的 19.04 元启动上升，至 2021 年 1 月 8 日，该股已经创下了 97.23 元的高点。也就是说，在 3 年多的时间里，该股股价翻了 5 倍多，这就说明该股的高市盈率并没有影响投资者追涨的热情。反过来也说明，高市盈率的股票更是获得了市场充分认可的标的。当然，这并不意味着市盈率越高越好，很多短线暴涨股票，其上涨至顶部区域时，总是会出现高市盈率的。

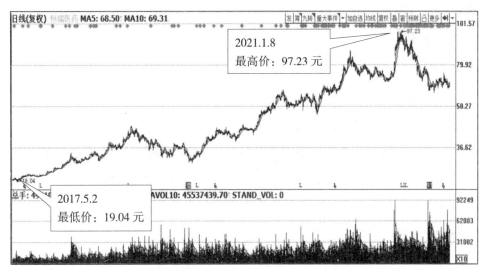

图 2-7 恒瑞医药（600276）日 K 线走势图

2. 动态市盈率

动态市盈率，是以静态市盈率为基准经过动态调整获得的，其计算公式如下：

动态市盈率 = 静态市盈率 × 动态系数

其中：动态系数 $=1/(1+i)^n$

i ——每股收益的增长性比率；

n ——企业可持续发展的持续期。

每股收益的增长性比率，可以根据企业以往的每股收益增长率进行估算；同时，还要对企业维持该增长率的年限进行预测。例如，预估某企业的每股收益增长率在未来 5 年能维持在 20% 左右，当前该股的市盈率为 50 倍，那么，该股的动态市盈率为：

动态市盈率 $=50 \times [1/(1+20\%)^5]$

$=50 \times 0.4$

$=20$（倍）

也就是说，一只股票若能保持 20% 左右的增长率 5 年，那么其当前的 50 倍静态市盈率只相当于 20 倍动态市盈率。20 倍市盈率，对于大多数股票来说都是可以接受的一个市盈率倍数。由此可见，投资者选择股票时，一定要选择那些能够持续成长的股票，尽管这些股票的静态市盈率暂时较高，但长远来看，其市盈率并不算高。

三、净资产收益率

净资产收益率又称股东权益报酬率，是净利润与平均股东权益的百分比，即公司税后利润除以净资产得到的百分比率。该指标反映股东权益的收益水平，用以衡量公司运用自有资本的效率。用通俗的话来解释就是，股东的每 1 元钱权益（股东投入的资本会因资本公积、利润的变动而发生变化），一年能够带来多少钱的收益。

其计算公式如下：

净资产收益率 = 净利润 / 净资产

比如，买入必涨有限公司的净资产为 370 万元，净利润为 32 万元，则：

净资产收益率 =32 万元 /370 万元 ×100%≈8.6%

也就是说，这家公司的净资产收益率约为 8.6%，这一数字对于多数企业来说属于偏低的水准。

从某种意义上来说，净资产收益率是最能反映企业赚钱能力的一个指标。巴菲特曾经说过：如果只能选择一个指标来衡量公司经营业绩的话，那就选择净资产收益率吧！由此可见巴菲特对净资产收益率的重视。事实上，巴菲特所选的标的企业，大多数都是那些净资产收益率超过 20% 的。如果大家将这一标准应用到 A 股市场，为了选择一只能够持续增长的股票，最好将评估周期设置在 3～5 年的区间。也就是说，过去 3～5 年内净资产收益率都能达到 20% 的标准（考虑 A 股市场的特殊性，偶尔略低于 20% 也可以），就很可能属于较佳的核心资产类股票。

下面来看一下片仔癀的财务数据。

从图 2-8 中可以看出，在过去的几年时间里，片仔癀的净资产收益率大部分时间都维持在 20% 以上的水平，这说明该公司成长情况良好，属于较佳的核心资产类股票标的。

片仔癀 询董秘 600436	最新动态 新闻公告	公司资料 概念题材	股东研究 主力持仓	经营分析 财务概况	股本结构 分红融资	资本运作 公司大事	盈利预测 行业对比
	财务诊断	财务指标	指标变动说明	资产负债构成	财务报告	杜邦分析	

盈利能力指标	2020	2019	2018	2017	2016	2015 》
销售净利率	25.95%	24.24%	23.68%	21.01%	21.95%	24.57%
销售毛利率	45.16%	44.24%	42.42%	43.26%	48.95%	47.01%
净资产收益率	23.07%	23.64%	24.98%	21.16%	16.20%	15.43%
净资产收益率-摊薄	21.26%	20.73%	22.78%	19.51%	15.35%	14.79%

图 2-8 片仔癀（600436）财务数据图

下面再来看一下该股的日 K 线走势图。

从图 2-9 中可以看出，片仔癀的股价自 2020 年 3 月 17 日的 111.18 元开始启动上涨，到 2021 年 6 月 28 日，股价已经上涨至 465.75 元。在一年多的时间里，股价上涨了 4 倍有余。由此可见，买入净资产收益率较高的股票，

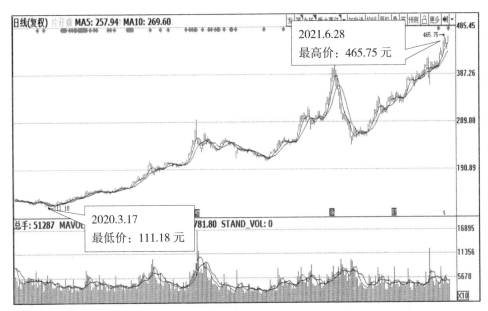

图 2-9 片仔癀（600436）日 K 线走势图

往往会获得较佳的投资收益。

净资产收益率可以作为投资者筛选核心资产股票的一个参考指标，即从上市公司中找出净资产收益率持续增长 20% 以上的股票，作为自己投资的备选标的。

将净资产收益作为考察股票盈利能力的指标时，投资者不能简单地以某期的数值作为基准，而应从发展的角度来分析净资产收益率的可持续性。

四、营业收入

营业收入指企业从事生产、经营活动所取得的收入，这是一个判断企业收入成色的项目。营业收入越高，表明企业越专注于核心业务，未来可能获得的收入越高；反之，则可能因为企业过分关注非营业业务（投资理财、变卖资产等）而导致主营业务不振，影响企业长期盈利能力。

其实，比营业收入更加有效的指标是主营业务收入。主营业务收入更能反映企业核心业务的收入情况，也比营业收入更加可靠。不过，从目前上市公司披露的年报中，很难区分出主营业务和非主营业务，毕竟很多上市公司现在都是多元化运作。从专业化运作角度来看，一些专注于某一领域且在该领域内取得较为明显优势的企业，更应该受到关注。

收入的增加可以为企业带来持续的利润。一家公司的规模可以小一点儿，营业收入也可以相对少一些，但营业收入增长率是不能低的。在这个充满竞争的世界，小公司只有通过快速发展才能在竞争中取胜。另外，对身处传统竞争行业和新兴成长行业内的企业，其营业收入规模实有不同的要求。

对于传统竞争行业内的企业，由于竞争格局相对固化，只有营收和市场份额足够大，才能证明其市场地位，也才能证明其属于核心资产；反之，对于身处新兴成长行业的企业，由于很多市场尚处于空白地带，企业发展空间极大，即使当前营收规模较小，只要发展速度足够快，也能够在短期内将营收放大至较大的规模。

营业收入增长率是指企业本年营业收入增加额对上年营业收入总额的比率。其计算公式如下：

营业收入增长率 =（当期营业收入总额 - 上期营业收入总额）/ 上期营业收入总额 ×100%

分析企业的营业收入增长率时，还要关注以下 2 个因素。

第一，营业收入增长率的持续性和稳定性。

分析标的企业的营业收入增长率，不能单独以某个季度或年度为准，要对比着看。换句话说，某家公司在某一年度取得较佳的营业收入增长率，并不能成为大家投资这家公司的全部理由，还要看这家公司以前年度的营业收入增长率情况。若能在 3～5 年内持续出现连续增长势头，才是理想的投资标的。

图 2-10 所示为贵州茅台的营业收入情况。从图中可以看出，尽管贵州茅台的资产规模和营业收入都比较高，但仍连续数年保持了较高的增长速度，这也是贵州茅台能够维持高股价的原因所在。

贵州茅台 回查炒 600519	最新动态 新闻公告	公司资料 概念题材	股东研究 主力持仓	经营分析 财务概况	股本结构 分红融资	资本运作 公司大事	盈利预测 行业对比	
	财务诊断	财务指标	指标变动说明	资产负债构成	财务报告	杜邦分析		
科目\年度	2020	2019	2018	2017	2016	2015	»
成长能力指标							
净利润(元)	466.97亿	412.06亿	352.04亿	270.79亿	167.18亿	155.03亿	
净利润同比增长率	13.33%	17.05%		61.97%	7.84%	1.00%	
扣非净利润(元)	470.16亿	414.07亿	272.24亿	169.55亿	156.17亿	
扣非净利润同比增长率	13.55%	16.36%	60.57%	8.57%	0.62%	
营业总收入(元)	979.93亿	888.54亿	771.99亿	610.63亿	401.55亿	334.47亿	
营业总收入同比增长率	10.29%	15.10%	26.43%	52.07%	20.06%	3.83%	

历年营业收入增长率

图 2-10　贵州茅台（600519）的营业收入增长率数据

有些上市公司在某一年度销售收入增长率可能出现爆炸性增长，但随后又归于平淡，甚至出现负增长。选择核心资产类股票时，大家应该尽量避免选择这种无法实现稳定增长的企业。

第二，注重同行业横向比较。

每个行业都有其各自的特点，有的行业属于新兴成长行业，其发展速度普遍较快；有些行业属于传统竞争行业，其发展速度可能相对会缓慢一些。

选择股票时，投资者需要注重横向对比，了解标的企业在整个行业中处于何种位置。比如，某行业的平均营业收入增长率为 20%，如果标的企业能够超过 30%，那么这类企业就是比较理想的候选标的；反之，则很难将其列为备选对象。

第三章

被动策略：与优势者同行

前面介绍了选择核心资产股票的策略与方法，但对于很多普通投资者来说，选择核心资产股票仍是十分繁琐复杂的工程。观察市场上颇具影响力的基金持股与重要指数的成分股，据此选择核心资产股票，也不失为上佳的方法。

该策略的核心是通过对比市场上权威指数中权重较高的股票，据以甄选核心资产股票。比如，某只股票在多只权威基金中，均为持股数量较高的股票，那么该股票属于核心资产股票无疑。

第一节　指数权重股

当前，指数基金是一个十分热门的投资品种。很多对投资理财不太熟悉的人，都选择买入指数基金来回避市场风险，分享经济发展的成果。指数基金就是以特定指数为追踪目标、按照该指数成分股及权重分布进行投资配置的基金。随着指数基金大热，指数中的权重股票同步受到了较多资金的追捧。

一般来说，这些指数权重股具备这样 3 个共同特点。

第一，市值大。在一只指数中，只有市值足够大，才能成为权重标的。

第二，基本面比较稳定。若基本面不佳，则很容易被剔除指数范畴。

第三，在各自行业或细分领域内具有重要的地位和影响力。

从这些指数权重股的特点中可以看出，能够成为影响力较大的指数中的权重股，基本上就属于核心资产类股票了。

一、核心资产股票集中营：沪深 300 指数

沪深 300 指数是目前基金市场上最受欢迎也是应用最为广泛的一款指数。从历史走势来看，沪深 300 指数也是一款走势相对较强的指数。

沪深 300 指数是由上海证券交易所和深圳证券交易所联合发布的，由中证指数有限公司编制，从沪深两个市场上选择市值较大、流动性较好的 300 只股票组成，是综合反映中国 A 股市场上市股票价格整体表现的一个指数。

沪深 300 指数创立于 2005 年 4 月 8 日，以 2004 年 12 月 31 日作为基准日，基准日点位为 1 000 点。由于沪深 300 指数是由沪深两市联合发布的，因而沪深两市都分别为其赋予了相应的代码：上海证券交易所的代码为 000300，深圳证券交易所的代码为 399300。

1. 追踪沪深 300 指数的指数基金

目前，以沪深 300 指数为追踪标的的指数基础品种非常多，表 3-1 列出了部分沪深 300 指数基金品种的名称，仅供参考。

表 3-1　以沪深 300 指数为追踪标的指数基金产品（部分）

类别	基金名称	基金公司	基金经理	成立时间
指数型基金	博时沪深 300 指数基金	博时基金	桂征辉	2003.8.26
	大成沪深 300 指数基金	大成基金	张钟玉	2006.4.6
	工银沪深 300 指数基金	工银瑞信	刘伟琳	2009.3.5
	鹏华沪深 300 指数基金（LOF）	鹏华基金	张羽翔	2009.4.3
	汇添富沪深 300 指数基金	汇添富	董瑾	2017.9.6
	兴全沪深 300 指数基金	兴全基金	申庆	2010.11.2
	农银沪深 300 指数基金	农银汇理	宋永安	2011.4.12
增强型指数基金	嘉实沪深 300 指数研究增强	嘉实基金	龙昌伦	2014.12.26
	泰达宏利沪深 300 指数增强	泰达宏利	刘洋	2010.4.23
	华宝沪深 300 指数增强	华宝基金	徐林明	2016.12.9

（续表）

类别	基金名称	基金公司	基金经理	成立时间
增强型指数基金	天弘沪深 300 指数增强	天弘基金	杨超	2019.12.27
	汇添富沪深 300 基本面增强指数	汇添富	顾耀强	2021.1.20
	长江沪深 300 指数增强	长江证券	曹紫建	2021.6.2
	招商沪深 300 指数增强	招商基金	王平	2017.2.10
ETF 基金	南方沪深 300ETF	南方基金	罗文杰	2013.2.18
	平安沪深 300ETF	平安基金	成钧	2017.12.25
	工银瑞信沪深 300ETF	工银瑞信	刘伟琳	2019.5.20
	华安沪深 300ETF	华安基金	许之彦	2019.12.23
ETF 联接基金	易方达沪深 300ETF 联接	易方达	余海燕	2009.8.26
	天弘沪深 300ETF 联接	天弘基金	张子法	2018.4.24
	泰康沪深 300ETF 联接	泰康资产	魏军	2020.6.30
	华安沪深 300ETF 指数联接	华安基建	许之彦	2020.8.3
	广发沪深 300ETF 联接	广发基金	刘杰	2016.7.6

2. 沪深 300 指数的构成及权重

沪深 300 指数覆盖的行业如图 3-1 所示。

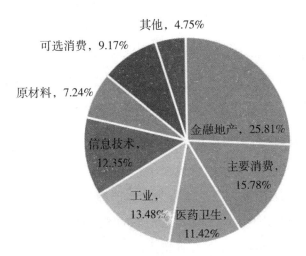

图 3-1　沪深 300 指数行业分布图

从图中可以看出，在沪深 300 指数中，金融地产和消费品行业等传统竞争行业仍属于沪深 300 指数的主要布局行业。也就是说，以当前的情势来看，传统竞争行业内的股票仍是核心资产板块的主力。

下面再来看一下沪深 300 指数中权重最大的 10 只个股，如表 3-2 所示。

表 3-2　沪深 300 指数十大重仓股

代码	简称	行业	权重（%）
600519	贵州茅台	主要消费	6.18%
601318	中国平安	金融地产	3.28%
600036	招商银行	金融地产	3.24%
000858	五粮液	主要消费	2.70%
601012	隆基股份	工业	1.72%
000333	美的集团	可选消费	1.69%
600276	恒瑞医药	医药卫生	1.46%
601166	兴业银行	金融地产	1.45%
002415	海康威视	信息技术	1.42%
603259	药明康德	医药卫生	1.41%

注：资料来源于中证指数，截止日期为 2021 年 7 月 1 日。

从表 3-2 中可以看出，金融类股票在沪深 300 指数中占据了较大的权重，同时，由于 2020 年白酒股大幅上涨，使得消费品类股票在沪深 300 指数中所占比重提升，这两个板块也是目前构成核心资产板块股票的主要来源。

二、传统竞争行业核心资产：上证 50 指数

上证 50 指数是由中证指数公司编制，上海证券交易所发布的一款反映上海证券交易所上市的优势大型企业股票整体走势情况的指数。上证 50 指数由上海证券交易所中规模最大、流通性最好的 50 只股票构成，以 2003 年 12 月 31 日为基准日，2004 年 1 月 2 日正式发布，基点为 1 000 点。

由于上海证券交易所发行的企业多为大型国有企业，国有企业又多为传

统竞争行业内的企业，因此，上证 50 指数要比沪深 300 指数更能反映传统竞争行业中的核心资产股票情况。

1. 追踪上证 50 指数的基金产品

目前，以上证 50 指数为追踪标的的指数品种非常多，表 3-3 列出了部分基金品种的名称，仅供参考。

表 3-3　以上证 50 指数为追踪标的指数基金产品（部分）

类别	基金名称	基金公司	基金经理	成立时间
指数型基金	易方达上证 50 指数基金	易方达	张胜记	2004.3.22
	天弘上证 50 指数基金	天弘基金	陈瑶	2015.7.16
	东财上证 50 指数基金	东财基金	吴逸	2019.12.3
增强型指数基金	国金上证 50 指数增强	国金基金	宫雪	2015.5.27
	南方上证 50 指数增强	南方基金	李佳亮	2020.4.23
	中海上证 50 指数增强	中海基金	彭海平	2010.3.25
ETF 基金	建信上证 50ETF	建信基金	薛玲	2017.12.22
	万家上证 50ETF	万家基金	杨坤	2013.10.31
	兴业上证 50ETF	兴业基建	那赛男	2020.11.13
	华夏上证 50ETF	华夏基金	张弘弢	2004.12.30
	申万菱信上证 50ETF	申万菱信	龚丽丽	2018.9.3
ETF 联接基金	博时上证 50ETF 联接	博时基金	赵云阳	2015.5.27
	华夏上证 50ETF 联接	华夏基金	徐猛	2018.3.8
	易方达上证 50ETF 联接	易方达	余海燕	2019.9.9
	工银上证 50ETF 联接	工银瑞信	赵栩	2018.12.25

2. 上证 50 指数的构成及权重

上证 50 指数覆盖的行业如图 3-2 所示。

从图中可以看出，在上证 50 指数中，金融地产和消费品行业属于上证 50 指数的主要布局行业，金融地产所占的份额要远高于沪深 300 指数中所占的份额。也就是说，金融地产股票的走势对上证 50 指数的影响更大。

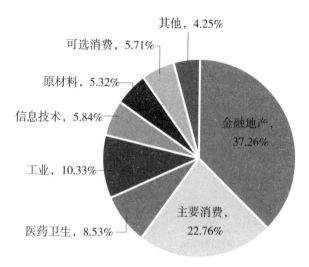

图 3-2 上证 50 指数的行业分布图

下面再来看一下上证 50 指数中权重最大的 10 只个股，如表 3-4 所示。

表 3-4 上证 50 指数十大重仓股

代码	简称	行业	权重（%）
600519	贵州茅台	主要消费	16.05%
601318	中国平安	金融地产	8.52%
600036	招商银行	金融地产	8.42%
601012	隆基股份	工业	4.48%
600276	恒瑞医药	医药卫生	3.79%
601166	兴业银行	金融地产	3.76%
603259	药明康德	医药卫生	3.66%
601888	中国中免	可选消费	3.56%
600887	伊利股份	主要消费	2.73%
600030	中信证券	金融地产	2.55%

注：资料来源于中证指数，截止日期 2021 年 7 月 1 日。

从表中可以看出，金融地产类股票在上证 50 指数中占据了相当大的权重，这类股票的涨跌会对整个指数的走势产生重要影响。同时，上证 50 指数中的重仓股中，贵州茅台、中国平安又是绝对的重仓股。

当然，投资者筛选核心资产股票时，也可以根据权重排序寻找前 10 名以外的股票，不过排名太靠后意义就不是很大了。

三、新兴成长行业核心资产：科创创业 50 指数

沪深 300 指数、上证 50 指数覆盖的对象多为金融地产、消费品行业股票，只有少量的信息技术等新兴产业股票，而且这些企业所占的权重偏低，这就为投资者寻找新兴成长行业内的核心资产股票带来了一定的难度。

中证科创创业 50 指数从科创板和创业板中选取市值较大的 50 只新兴产业上市公司证券作为指数样本，以反映上述市场中代表性新兴产业上市公司证券的整体表现。

1. 追踪科创创业 50 指数的基金产品

科创创业 50 指数为新发布的指数，目前追踪该标的的指数品种并不多，但这几个指数体量相对较大（创业板、科创板股票本身盘子相对较小），因而权重靠前的股票，往往更可印证其核心资产属性。表 3-5 列出了部分基金品种的名称，仅供参考。

表 3-5　以科创创业 50 指数为追踪标的指数基金产品

类别	基金名称	基金公司	基金经理	成立时间
ETF 基金	南方中证科创创业 50ETF	南方基金	崔蕾	2021.6.24
	易方达中证科创创业 50ETF	易方达基金	成曦	2021.6.28
	华夏中证科创创业 50ETF	华夏基金	徐猛	2021.6.24
	招商中证科创创业 50ETF	招商基金	苏燕青	2021.6.25
	嘉实中证科创创业 50ETF	嘉实基金	田光远	2021.6.25
	华宝双创龙头 ETF	华宝基金	胡洁	2021.6.29
	银华中证科创创业 50ETF	银华基金	王帅	2021.6.29
	国泰中证科创创业 50ETF	国泰基金	黄岳	2021.6.29
	富国中证科创创业 50ETF	富国基金	曹璐迪	2021.6.29

2. 科创创业 50 指数的构成及权重

科创创业 50 指数覆盖的行业与沪深 300 指数和上证 50 指数完全不同，

这是一个真正的以新兴成长行业为主的指数，其标的类别包括如下几类，如图 3-3 所示。

从图中可以看出，在科创创业 50 指数中，医药卫生、信息技术和工业行业属于该指数主要布局行业，且医药卫生所占的份额要远高于其他行业。也就是说，医药卫生行业股票的走势对科创创业 50 指数的影响更大。

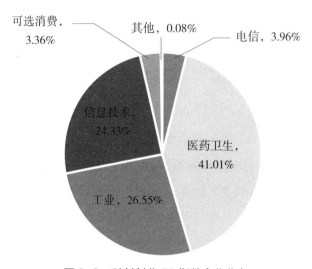

图 3-3　科创创业 50 指数企业分布

下面再来看一下科创创业 50 指数中权重最大的 10 只个股，如表 3-6 所示。

表 3-6　科创创业 50 指数十大重仓股

代码	简称	行业	权重（%）
300750	宁德时代	工业	12.06%
300760	迈瑞医疗	医药卫生	8.83%
300015	爱尔眼科	医药卫生	6.32%
300122	智飞生物	医药卫生	4.97%
300782	卓胜微	信息技术	4.08%
300124	汇川技术	工业	4.06%
300014	亿纬锂能	工业	3.77%
300274	阳光电源	工业	3.67%

（续表）

代码	简称	行业	权重（%）
300347	泰格医药	医药卫生	3.45%
688111	金山办公	信息技术	3.42%

注：资料来源于中证指数，截止日期 2021 年 7 月 2 日。

从科创创业 50 指数的权重股分布情况来看，创业板占据了绝对优势地位，入选了 9 只股票，科创板勉强入围的金山办公排名为第 10 位。当然，这与创业板推出时间较久，很多企业相对成熟有关。

如果投资者要从新兴成长行业选择核心资产股票，那么科创创业 50 指数的十大权重股无疑是最佳的备选对象。

四、外资热衷的核心资产：MSCI 指数、富时罗素指数、标普道琼斯指数

最近两年，指数基金在国内大受欢迎。其实在国外，指数基金很早就已经成了很多投资者配置资产的重要选择之一，一些经典指数公司推出的指数，往往受到很多资金的追捧。

正因如此，国内的投资者才会比较看重 A 股股票被国际投资机构纳入权威市场指数。因为一旦股票纳入这些指数，就会引来相当规模的资金跟投，从而推动股价上行。目前，A 股被纳入的最权威的国际指数包括 MSCI 指数、富时罗素指数、标普道琼斯指数 3 类。

1. MSCI 指数

MSCI 指数是由摩根斯坦利国际资本公司编制的一系列指数，包括国际指数、国家指数、综合指数等。

MSCI 公司自 2014 年以来，每年都要审议一次是否将 A 股纳入其全球指数。最终在 2017 年决定将 A 股纳入 MSCI 指标，并于 2019 年生效。最终目标是 A 股在 MSCI 指数中所占的权重逐渐从 5% 提升至 20%。

这里要清楚一个事实，在国际市场上，有超过 12 万亿美元的资金将

MSCI 指数作为追踪标的。A 股进入 MSCI 指数全球体系后，势必有相当大规模的资金进入 A 股市场。

目前 A 股市场上被纳入 MSCI 指数的股票数量较多，有几百只。每个季度，MSCI 公司都会对标的股票进行评估筛选，有些股票可能会被踢出指数，有些股票会被加入指数。MSCI 指数筛选权重股的规则比较有特色，其考察维度不仅限于市值大小，主要包括公司规模（外国投资者可投资规模达到一定的标准）、行业代表性（涉及国民经济众多行业，以满足代表性的要求）、流动性（月均交易额）。

A 股市场上，MSCI 指数中所占权重较大的股票还是以沪深 300 指数中的高权重股为主，其行业分布仍以金融地产、消费品（特别是白酒）为主。

2. 富时罗素指数

富时罗素是全球第二大指数编制公司，同样每年也有大量的资金跟踪富时指数。2015 年 5 月 26 日，富时罗素启动将 A 股纳入富时全球股票指数计划。2018 年 9 月 27 日，富时罗素公司宣布正式将 A 股纳入富时全球股票指数，分类为次级新兴市场。据相关机构测算，A 股纳入富时罗素指数体系后，可以吸引 5 000 亿美元以上的资金进入 A 股市场。

3. 标普道琼斯指数

标普道琼斯公司是全球最大的金融市场指数内容提供商。道琼斯指数自查尔斯·道创立至今，一直深受投资者的喜爱，成为观察市场动向的风向标。

2019 年 9 月 7 日，标普道琼斯指数公司决定将 1 099 只中国 A 股正式纳入标普新兴市场全球基准指数，该决定于 9 月 23 日开盘时生效。在这 1 099 只 A 股中，包含 147 只大盘股、251 只中盘股、701 只小盘股。从数量上来讲，小盘股占据了多数，但大盘股的盘子更大，对指数的影响也更大。

综合来看，三大外资指数纳入的 A 股数量普遍较多，所选标的以各细分行业龙头股为主，但从整体来看，沪深 300 指数中的权重股也多为三大外资指数中比较有影响力的股票。

第二节　资金抱团股

市场上从来不缺少股票，但缺少优质股票。正因如此，代表市场上最优质股票品种的核心资产股票，往往会有大量机构资金和外资驻守。如果借助反向思维来考虑这件事，投资者就可以发现，若一只股票机构投资者、外资持仓占比较高，其更可能属于核心资产股票。

一、基金扎堆股票

分析投资标的机构持股情况时，需要重点关注以下 2 点。

第一，持股机构的数量。通常情况下，持股机构数量多，说明市场上大部分投资机构都认可其投资价值，未来股价继续走高的概率很大。大家来看一下 A 股第一高价股贵州茅台的机构持仓情况，如图 3-4 所示。

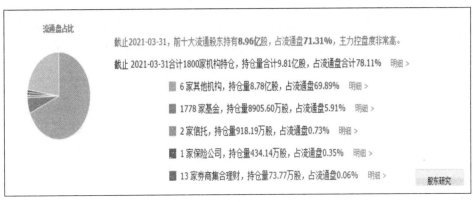

图 3-4　贵州茅台（600519）机构持仓情况

从图中可以看出，2021 年第一季度持有贵州茅台的机构达到 1 800 家，而前十大流通股股东持有的流通盘占比达到了 71.31%。这说明贵州茅台的股票绝大部分掌握在各大机构手中，该股的核心资产属性已经获得市场的广泛认可。

第二，较为知名机构的持仓情况。越是市场上知名的投资机构持仓，越能反映股票被市场的认可程度，特别是国家队资金。例如，社保基金的持仓情况，更值得普通投资者研究，毕竟社保基金的钱是很多退休员工的"买米钱"。大家再来看一下双汇发展的机构持仓情况，如图3-5所示。

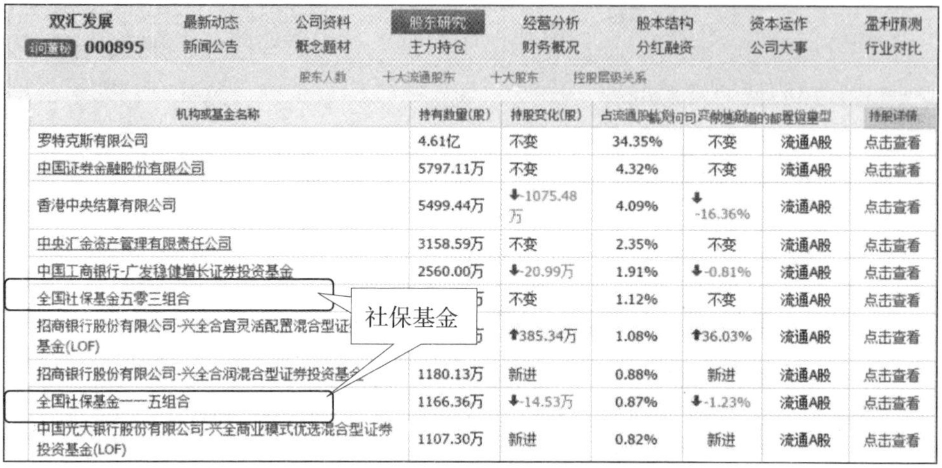

图3-5　双汇发展（000895）机构持仓情况

从图中可以看出，双汇发展的前十大股东中，有2家属于社保基金旗下的投资组合，这说明社保基金非常看好该股的投资价值。当然，双汇发展的财务状况、盈利能力以及未来发展空间，相比其他企业具有更明显的优势，这也是社保基金持有该股的原因。

二、外资高持仓股票

目前我国金融市场并未完全开放，因而外资进入国内金融市场主要通过2类途径：其一是 QFII 和 RQFII，其二为沪股通和深股通等。

1.QFII 和 RQFII

QFII（Qualified Foreign Institutional Investor）一般是指合格境外机构投资者。QFII 机制是外国专业投资机构到境内投资的资格认定制度。RQFII 是指境外人民币通过在香港的中资证券公司及基金公司投资 A 股。

从本质上来看，QFII 和 RQFII 的区别并不大，只是在货币品种上存在区别。两者都是境外投资机构投资境内的金融市场。一般来说，无论是 QFII

还是 RQFII，都是以机构投资者为主，很少有个人投资者参与其中。

当然，由于境内金融市场还没有完全开放，这些机构投资者对境内金融市场的投资规模以及对单只股票或证券的投资比例都有严格的限制。

2. 沪股通和深股通

沪股通是指投资者委托香港经纪商经由联交所在上海设立的证券交易服务公司，向上交所进行申报买卖"沪港通"规定范围内的上交所上市股票。

深股通是指投资者委托香港经纪商经由联交所在深圳设立的证券交易服务公司，向深交所进行申报买卖"深港通"规定范围内的深交所上市股票。

总体上来说，无论是沪股通还是深股通，本身都是内地股市与香港股市互联互通的一部分。比如，沪股通就是沪港通的一部分，深股通也是深港通的一部分。在这一互联互通机制下，内地资金可以交易港股通范畴内的港股，外资也可以借助香港交易所交易沪股通或深股通内的 A 股股票。在市场上，交易沪股通和深股通的资金一般称为北向资金；反之，交易港股通的资金则被称为南向资金。

相对于 QFII 来说，借助沪股通和深股通进入 A 股市场的资金不仅有机构投资者，还有个人投资者。据相关机构统计：截至 2021 年 1 月末，全部外资持有 A 股市值已达到 3.57 万亿元，占 A 股自由流通市值的比例达到 10.2%。

由此可见，A 股对于外资具有很强的吸引力，很多股票甚至一度因为达到外资持股比例上限而停止外资买入，比如美的集团。

深交所公告：截至 2021 年 1 月 20 日，境外投资者通过 QFII/RQFII/ 深股通持有的美的集团股份占公司总股本的 28%，触及深股通持股比例上限。如图 3-6 所示。

从图中可以看出，香港中央结算有限公司对美的集团的持股数量达到了 10.73 亿股，占比达到了 15.59%。此外，外资持股机构还有加拿大年金计划投资委员会等，由此可见外部资金对美的集团的看好程度。

机构或基金名称	持有数量(股)	持股变化(股)	占流通股比例	质押占其直接持股比	变动比例	股份类型	持股详情
美的控股有限公司	21.69亿	不变	31.52%	4.61%	不变	流通A股	点击查看
香港中央结算有限公司	10.73亿	↑865.38万	15.59%	无质押	↑0.81%	流通A股	点击查看
中国证券金融股份有限公司	1.98亿	不变	2.88%	无质押	不变	流通A股	点击查看
美的集团股份有限公司回购专用证券账户	1.31亿	不变	1.91%	无质押	不变	流通A股	点击查看
加拿大年金计划投资委员会-自有资金(交易所)	1.04亿	不变	1.51%	无质押	不变	流通A股	点击查看
中央汇金资产管理有限责任公司	9016.94万	不变	1.31%	无质押	不变	流通A股	点击查看
黄健	8614.00万	不变	1.25%	无质押	不变	流通A股	点击查看
栗建伟	5010.00万	↓-6.00万	0.73%	无质押	↓-0.12%	流通A股	点击查看
袁利群	4133.08万	↑22.00万	0.60%	无质押	↑0.54%	流通A股	点击查看
MERRILL LYNCH INTERNATIONAL	3964.89万	↓-14.99万	0.58%	无质押	↓-0.38%	流通A股	点击查看

图 3-6　美的集团（000333）十大流通股股东

　　投资者选择核心资产股票时，也可以将外资持仓占比看成一个重要的指标。毕竟外资筛选投资标的时，更加注重长线价值，其对个股的分析也要强于普通投资者。

第四章

核心资产板块概览

核心资产是整个 A 股市场上最具投资价值的品种。长期以来，由于这些股票盘子较大、股价相对较高、短线波动幅度较小等，常常让很多散户弃之不顾。未来，随着价值投资理念的不断深入和散户在交易中逐渐走向成熟，核心资产板块的股票也必将受到越来越多的追捧。

第一节　核心资产板块投资机遇

从当前的市场环境来看，最近几年，核心资产板块面临极为难得的投资窗口期，具体表现在以下 3 个方面。

一、基金规模大扩容

随着国内居民理财意识的不断提升，特别是 90 后、00 后群体逐渐步入社会，整个社会的投资理财意识得到很大提升。这些新收入群体不满足于将闲钱存放于银行的保守型理财方式，而是越来越偏向于进取型理财。

与此同时，随着国内基金行业的发展和运作规范化程度不断加强，越来越多的投资者开始给予基金公司和基金经理更多的信任，尤其是最近几年，很多基金都表现出了较强的盈利能力，这都促使整个社会资金加速向基金流动。

据国家证监部门统计，截至 2020 年年底，我国基金总规模突破了 20 万亿元，其中股票型或偏股型混合基金总规模超过了 8.86 万亿元。今后这一数字还将持续增大。

基金选股的模式与普通散户存在明显的不同，基金选股更加偏向于盘子大的绩优股，因此随着基金规模的不断扩充，核心资产股票也成为越来越多资金追捧的对象。

二、外资涌入

前面在介绍被动选择核心资产股票时曾经提及，随着 A 股先后进入国际三大指数体系，为 A 股市场带来了巨额的外部资本。

这里还有一点要注意，我国金融市场并非是全面开放的市场，为了防范金融风险，国家对外资的流动是有严格控制的。也就是说，外资的流入与流出都必须控制在一定的幅度之内。未来，随着国家金融市场改革的不断深入，对外资流入与流出的限额也会有所调整。特别是随着外资全资控股证券公司等金融机构落地，未来势必有更多的外部资本流入 A 股市场。

这些外资体量较大，持仓周期普遍较长，因而其选股策略更加偏向行业龙头、盘子较大且流通性较佳的股票。从这一点上来看，核心资产股票仍将是外资的首选。

三、内部改革推动核心资产牛市

随着国家金融市场改革的不断深入，未来证券市场和各个行业的竞争局势都将出现深刻的变化，具体体现在 3 个方面，如图 4-1 所示。

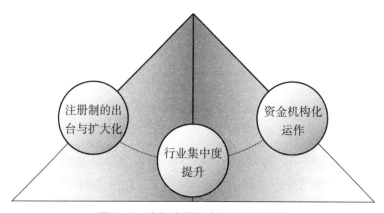

图 4-1　内部改革推动核心资产牛市

第一，注册制的出台与扩大，将会推动股票上市发行与退市常态化。上市公司将不再是市场上的稀缺品，只有投资价值较高的股票才会成为稀缺品。与此同时，尽管不断有外资涌入，基金规模不断扩张，但整个市场的资金量毕竟是有限的，这些有限的资金将会集中投向优质的投资标的，而核心资产股票将会成为最佳投资标的。

第二，从未来市场的竞争格局来看，行业发展并不能等同于行业所有企业的发展，其中最大的一个特点是行业集中度不断提升。这一点在股票市场表现得更加明显，行业龙头的走势已经与行业其他股票产生了分化，未来这种趋势将会得到进一步强化。

第三，资金机构化趋势，推动核心资产股票走牛。在 2020 年到 2021 年年初的股市中，核心资产股票推动的结构性牛市已经露出端倪，特别是以贵州茅台为代表的核心资产股票连续上涨，更是让市场看到了投资核心资产股票的优势。

第二节　揭秘核心资产股票集中营

在 A 股市场上，有很多细分领域涌现出了符合核心资产股票筛选要求的股票。这里选择其中产生核心资产较多的领域予以介绍，以供读者参考。如图 4-2 所示。

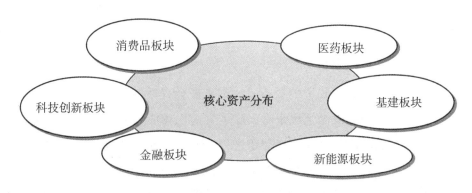

图 4-2　核心资产主要分布领域

一、消费品板块

消费品板块是核心资产股票的富矿。市场上，很多核心资产股票都来自消费品板块。这与我国的基本国情非常相符，人口众多，消费能力强，是我国消费领域的基本国情，这势必促使市场产生诸多行业垄断性企业。

未来随着经济的发展，人们的生活水平不断提升，消费品板块还可能会涌现出更多的龙头股和核心资产股票。

在整个消费品板块，白酒、家电、食品等需求旺盛的细分领域，更是核心资产股票的摇篮，贵州茅台、五粮液、美的电器、格力空调、伊利股份都来自该领域。

二、医药板块

医药板块是另一个核心资产股票的重要来源地。从目前的医药行业发展情况来看，国内的医药企业无论是规模还是研发实力，都与国际医药巨头存在明显的差距，这也使得我国的医药企业拥有巨大的发展潜力与空间。

当然，由于我国的特殊国情，整个医药板块存在 2 个明显的细分领域，即以生物医药、医疗器械为代表的新兴医药板块和以传统中医药为代表的传统医药板块。从发展的情况来看，传统医药板块中已经存在诸多事实上的垄断者，如云南白药、片仔癀等。另外，新兴医药、生物医药企业也爆发出了强大的发展实力，如恒瑞医药、药明康德等。总之，无论是传统医药还是新兴医药，未来都拥有非常大的发展空间。

三、科技创新板块

科技创新板块是成长股的摇篮，也许未来会有很多超级牛股从该领域诞生。不过，从目前的发展情况来看，除了先前比较成熟的电子信息领域外，很多新兴科技领域内的企业还有待于进一步成长。特别是很多科技巨头型企业选择海外上市后，A 股市场上能够选择的优质核心股票并不太多。

从目前的发展态势来看，集成电路领域内的一些优质标的，已经展现出较强的竞争实力，如中芯国际、深南电路等。在新兴科技领域，视频安防领域内的海康威视、大华股份的竞争力也不容小觑。

四、金融板块

金融板块也是一个盛产核心资产股票的板块，很多传统的巨头型企业、各大指数基金的重仓股都来自金融板块。同时，在 A 股市场上，金融板块还承担着维护市场稳定的作用。在整个金融板块，又以银行、证券、保险最为重要，这 3 个细分领域都产生了比较有代表性的核心资产股票，如银行板块的招商银行、证券板块的中信证券、保险板块的中国平安等。

五、新能源板块

新能源板块是一个与科技创新板块密切相关且有些相似的板块。从目前的能源消费情况来看，人类社会的能源消费模式必须彻底改变，因此新能源势必会成为未来重点发展的领域。从目前的新能源发展态势来看，水能、风能、太阳能、核能都会得到较大的发展。从投资的角度来看，太阳能将会受到最多的关注，市场上很多太阳能板块的股票都表现出了较强的竞争力，如隆基股份等。而从新能源应用来看，新能源汽车又是其中最为重要的方向，新能源汽车生产商比亚迪，以及相关的电池生产企业都值得关注。

六、基建板块

基建板块属于典型的传统板块，但这并不意味着基建板块会消失或衰退。随着科技的发展，基建板块也会焕发出新的发展潜力。

从目前的竞争态势来看，基建板块中的诸多细分领域都出现了行业的垄断者，已经涌现出了诸多核心资产类股票。比如水泥行业中的海螺水泥，钢铁行业中的宝钢股份，工程机械领域中的三一重工、潍柴动力、恒立液压，其他建材领域中的东方雨虹，等等。

第三节　核心资产板块的投资风险

　　站在全局和未来的视角来看，投资核心资产板块的收益要远大于风险，但这并不意味着投资核心资产板块不存在任何风险。一般来说，核心资产板块的投资风险来自这样 3 个方面。如图 4-3 所示。

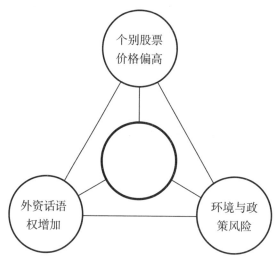

图 4-3　投资核心资产面临的风险

一、个别股票价格过高

　　市场上的核心资产股票属于稀缺品种，特别是像贵州茅台这样的优质核心资产，更是非常稀缺。因此，各路机构资金在建仓时，不可避免地会购入这类资产，这就导致了这些资产的价格可能在集中建仓期被拉升至较高的位置。

　　这些股票都具有非常高的价值，这一点毋庸置疑，但若股价与其内在价值偏离过多，就会透支这些股票未来若干年的涨幅，这也会给投资者的投资带来一定的损失。

一般来说，无论股票的质地有多优秀，投资者都需要有股票估值的意识。只有股价处于合理的估值区间时，才可以放心地入场买入。

二、外资话语权增加

外资不断涌入确实带动了核心资产股票价格走高，但是，由于外资对个别股票持仓占比逐渐增加，其资金流动可能会为相关股票的波动带来较大影响。特别是目前 A 股市场的运行机制还不是很健全，市场上的投资者也不是十分成熟，一些资金跟随外资流动，可能引发股市的大波动，导致一些核心资产股票价格歧高，这也是国内金融证券市场没有完全放开的原因。

从另一方面来看，外资持仓占比增加，会增强外资在整个证券市场的影响力和话语权。尤其是我国 A 股市场仍是散户居多，这些散户在拥有巨量资金的外资面前根本没有任何话语权，这对整个股市的发展非常不利。

从这一点上来看，大体量基金的出现与增加，将会有助于提升国内机构投资者在市场中的话语权，这对国内股票市场的发展将会十分有利。

三、环境与政策风险

随着核心资产板块股票被外资重仓持有，未来国际政治与经济局势一旦发生变化，或者金融与外资监管政策发生变化，都可能对外资的流动产生影响。外资流动也会给核心资产股票的股价带来较大的波动，从而给个人投资者带来较大的风险。

第五章

消费品板块核心资产

谈及核心资产，必然绕不过消费品板块。无论过去还是未来，消费品板块都是核心资产股票最主要的来源地，这与我国的基本国情有关，也与国民经济的发展趋势有关。

第一节　消费品板块核心资产选择逻辑

中国是一个人口大国，更是一个消费大国。特别是随着国民经济的快速发展，人民生活水平不断提升，对消费品的需求也同步从数量向质量方面提升，与消费品有关的行业也就成为目前盛产核心资产股票的"摇篮"。大家耳熟能详的核心资产股票，如贵州茅台、五粮液、美的集团、格力电器、海天味业等，都属于消费品板块。

概括来说，消费品板块包括了人们日常生活所需的食品、饮料、家用电器、服装、日化用品等领域。随着人们生活水平的不断提升，大众消费品的范畴也在不断扩展，例如，旅游服务已从原来的专属于少数人的奢侈品变成了大众消费品。未来，还会有更多的产品被纳入大众消费品范畴。

一、消费品行业，一个永不过时的产业

从本质上来看，消费品板块不存在夕阳与朝阳的问题，毕竟只要有人在，就需要吃、穿、用，就需要消费品。换句话说，消费品行业的发展与人口数量、

人们的收入水平关系更为紧密。人口数量越多，消费数量就越多；人们的收入水平越高，购买消费品的能力就越强。从这一点上来看，我国作为一个有着14亿人口的大国，消费品行业面对的市场规模可想而知。同时，由于我国经济长期保持了较快的增长速度，使得居民消费能力不断提升，消费已经成为国民经济发展的支柱。

当然，随着时代的发展，人的消费观念会不断变化，消费品行业也会出现一些新的挑战与机会。比如早些年，人们的收入普遍较低，购买能力较弱，对价格较高的消费品如家用电器等消费量都比较低。近些年，随着居民收入水平的不断提升，家用电器已经普及到千家万户，所以家电生产行业中就涌现出了一批又一批的大牛股，这其中比较典型的就是美的集团。如图5-1所示。

图5-1　美的集团（000333）日K线走势图

美的集团（000333）是整个A股市场上非常有代表性的一只股票，也是大众消费品板块的一个典型。美的集团是一家以家用电器制造为主业的企业，空调、消费电器是美的集团最主要的利润来源。

美的集团于2013年9月18日正式登陆A股市场，发行价为每股44.56元，首日开盘价为40.5元。美的集团上市后，随着国内居民消费水平的提升，企业营收与净利润不断增加，股票价格也不断创出新高。到了 2021 年 2 月 10 日，该股更是创出了 431.64 元的高位（后复权价格）。相比首日开盘价，该股股价上涨了 10 倍有余。美的集团的股价走势，也是中国消费品行业发展的一个缩影。

二、把握消费升级的良机

消费升级即消费结构升级，是指各类消费支出在总支出中的结构升级和层次提高。每一次的消费升级，都意味着更高层次的消费品占总消费支出比例显著扩大。改革开放以来，我国共经历了 3 次规模较大的消费升级过程。

第一次消费升级出现在改革开放之初，此时粮食消费占比开始下降，轻工业产品占比提升。这说明居民在解决基本的温饱问题后，随着社会供应商品的不断丰富，可供选择的消费品越来越多。

第二次消费升级出现在 20 世纪 80 年代末期到 90 年代末期。在这一阶段，居民收入水平得到了较大幅度的提升，大家购买的消费品也逐渐升级，从自行车、收音机等产品逐渐过渡到电视、洗衣机、空调等家用电器。就是在这一阶段，家用电器企业得到了极大的发展。

第三次消费升级对应的时间就是当下。目前进行的第三次消费升级，将极大提升各类服务产品、旅游产品、文化产品、IT 产品等在居民消费支出中的占比。同时，传统的消费品也出现了一次大规模的升级换代，如家用电器、食品饮料、服装等产业如今正处于全面升级和革新之中。2018 年 9 月 20 日，中共中央、国务院印发《关于完善促进消费体制机制，进一步激发居民消费潜力的若干意见》，为促进消费提质升级绘制了一张美好"蓝图"。意见提出，要加快建立健全高层次、广覆盖、强约束的质量标准和消费后评价体系，强化消费领域企业和个人信用体系建设，提高消费者主体意识和维权能力，创建安全放心的消费环境。

可以这样说，第三次消费升级与前两次消费升级存在着明显的不同。之前的消费升级，更多地属于消费结构的变革，而第三次消费升级，将是全方位的消费层次提高。第三次消费升级，对于传统的诸如食品饮料、家用电器、服装生产企业来说，将是一次全新的挑战，消费者将不再只是关注相关的产品，而是更关注优质的产品和服务。特别是随着新兴消费群体的崛起，一些小众化、个性化的消费需求正受到广泛重视，这必将催生新的产业或行业。未来，哪家企业能够更好地把握消费升级的脉搏，就越能赢得竞争的先机。

三、享受垄断收益的行业

在大众消费品板块，很多企业经过多年的耕耘，建立了强大的品牌优势，使其形成了对某类商品事实上的垄断。

此后，这些企业凭借自身掌握的技术和品牌优势，享受着超额的垄断性收益。这些企业的生产成本相对较低，商品价格又相对较高，使其利润率远远超过一般的企业。在大众消费品板块，白酒行业就是这样一个特殊的板块。贵州茅台、五粮液、泸州老窖等企业，由于自身拥有特殊的生产工艺，在长期的市场竞争中建立了品牌优势，如今，这些企业正在享受令人眼热的垄断性收益。

在众多享受垄断性收益的企业中，贵州茅台是比较典型的。因其强大的品牌影响力、悠久的历史、独特的酱香酒品质，贵州茅台深受国内外消费者的欢迎。贵州茅台所具有的这些优势，又是其他企业模仿不了、学不来的，因而形成了事实上的垄断。在可以预见的未来，这种垄断性优势仍将给企业提供源源不断的利润。当然，企业利润规模不断放大，并不意味着股价就会直线式上升，其价格走势还会受到大盘环境的影响，但总体上会呈现出明显的振荡上升走势，如图 5-2 所示。

贵州茅台自 2001 年 8 月 27 日登陆 A 股市场，以 34.51 元的价格开盘。截至 2021 年 2 月 18 日，该股股价创出 15 229.17 元（后复权价格）的阶段高点。不到 20 年时间，涨幅接近 442 倍。

投资者若能坚定地持有这类消费品大龙头股票，则根本不用考虑股票的收益问题。

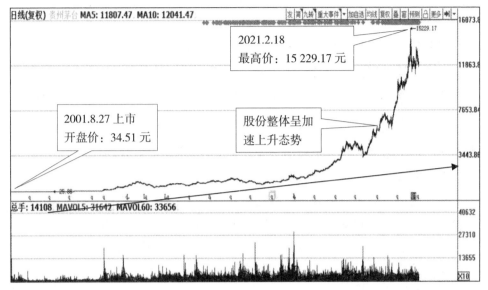

图 5-2 贵州茅台（600519）日 K 线走势图

第二节 消费品行业概述

消费品行业涉及的细分领域比较多，本书重点选择其中的 6 类做简单的介绍，如图 5-3 所示。

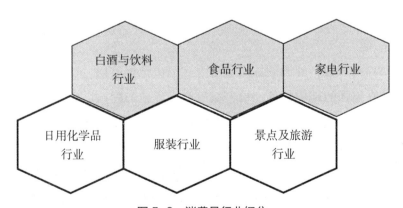

图 5-3 消费品行业细分

一、白酒与饮料行业

从整体上来看，白酒与饮料行业是整个消费品行业中诞生白马股最多的一个分类，该类别又可以细分为白酒、啤酒、黄酒和葡萄酒以及饮料等。单从产品分类来看，饮料行业是一个远比酒类更大的分支，比如其中的果汁饮料、碳酸饮料、茶饮料以及含乳饮料等。但是，站在股票投资的角度看待这个行业，就会发现酒类上市公司要多于饮料类上市公司，且酒类上市公司的市场表现更佳。

从长远的发展角度来看，在消费品大类中，酒类仍具有很大的发展空间。与国外知名酒类品牌相比，国内酒类产品的定价和品牌均要弱很多。即使贵州茅台的价格已经很高，与国外高端酒也不在同一水平线上。从这一点上来看，很多白酒品牌其实还有很大的调价空间和利润提升空间。

1. 白酒

以贵州茅台、五粮液、泸州老窖为代表的白酒阵营，简直就是核心资产股票的摇篮。众多一线白酒品牌都是基金公司的宠儿，就连一些二线白酒品牌，也因其业绩较佳而备受基金公司的喜爱，如牛栏山二锅头所属的顺鑫农业、酒鬼酒等股票的股价，历年都有不错的表现。可以这样说，在很大程度上，消费品板块的起伏全都在看白酒板块，而白酒板块又以贵州茅台、五粮液、泸州老窖马首是瞻。

2. 啤酒

相对白酒来说，啤酒的饮用量更大。但由于保质期、口感的问题，导致该行业带有很强的地域特色，很多城市都有本地的啤酒厂商，这就使得啤酒产业除了几家大型企业之外，还存在数量众多的中小型啤酒生产企业。随着市场开拓越来越困难，近年来，整个啤酒产业的销量越来越接近行业的天花板，使得各大厂商的营收增长变得十分困难，盈利能力也开始趋弱。未来这些大型啤酒厂商将会不间断地兼并中小厂商，以实现营收增长。

在整个啤酒领域，青岛啤酒是绝对的龙头，重庆啤酒也是值得关注的对象。

3.黄酒及葡萄酒

黄酒作为一种历史十分悠久的酒类，前些年曾经一度呈现出非常积极的发展信号，但近几年又开始趋弱。黄酒行业走出江、浙、沪等东南区域的道路还是充满了阻力。江、浙、沪黄酒的消费潜力毕竟已经被挖掘得差不多了，未来要想获得跨越式发展，还是要看能否像"凉茶"一样火遍全国。

葡萄酒的情况与黄酒有所不同。在葡萄酒市场上，中高端市场被外资品牌占领，国内品牌中只有张裕、王朝、威龙等少数品牌有一定的市场影响力。国产品牌与外资品牌差距较大，未来还需要进一步培育。

在黄酒领域，会稽山、古越龙山都是颇具代表性的品牌，葡萄酒领域的张裕则是当仁不让的龙头。

4.饮料

饮料行业是一个变数较多的行业，也是分支众多的行业。近年来，随着消费者对健康越来越重视，碳酸饮料越发不受市场欢迎，果汁饮料和含乳饮料发展情况较佳。作为饮料行业的一个重要分支，功能饮料前些年曾经火爆了一阵，但繁华过后，目前只有红牛能够屹立不倒，其他功能型饮料的市场销售额都大不如前了。

二、食品行业

食品行业是消费品行业中一个较大的细分领域，而且还可以进一步细分为食品制造、休闲食品、调味品以及乳制品等。食品制造仍是一个非常宽泛的领域，从分类的角度看，仍可做进一步细分，不过这里只是为了帮大家寻找合适的投资标的，并未对该行业继续进行细分。

1.食品制造

食品制造是一个非常大的范畴，大家日常所需的大米、白面等，都属于食品制造范畴，食用的加工肉类、面包等也都属于食品制造领域。当然，有些食品同属于几个不同的子类别，比如，面包既可以分到基本的食品制造领域，也可以分类到休闲食品领域，双汇食品就是一个例子。双汇食品销售的冷鲜肉属于食品制造子行业，但其火腿肠确实可以分类到休闲食品中。为了讲述问题的便利，下面会将这些可能从属于多个子类的企业分到食品制造领域。

2. 休闲食品

休闲食品是近些年发展非常迅猛的一个子领域，最典型的休闲食品就是大家经常食用的瓜子、糖果等。近年来，随着网上销售的兴起，一些新崛起的休闲食品生产企业迅速走进了行业的前列，比较典型的如三只松鼠等。通过连锁迅速占领市场的绝味食品，也是非常有代表性的一个。总之，休闲食品领域近些年崛起的品牌确实代表了新兴商业模式的成功。

3. 调味品

调味品本身并不是一个产值很大的品类，毕竟大家消费的调味品有限。但由于我国人口众多，也孕育了庞大的调味品市场。在这个市场上，诞生了多家具有垄断地位的企业，如酵母生产企业安琪酵母、榨菜生产企业涪陵榨菜、以酱油著称的海天味业等。这些企业在行业内部都拥有较高的市场占有率，形成了某种程度上的垄断。

4. 乳制品

乳制品行业是一个竞争非常激烈的行业，目前的竞争格局已经相对定型，即两家超级巨头（伊利与蒙牛），外加多家地方性豪强（包括三元、君乐宝、光明、完达山等）。在可以预见的未来，伊利和蒙牛的地位不会动摇，排名也不会改变。值得投资者关注的，就是蒙牛与伊利之间的差距是进一步扩大还是缩小的问题。

在乳制品领域，伊利股份肯定是应该优先获得关注的对象。

三、家电行业

家电行业是除白酒行业之外的另一个白马股集中营。家电行业的发展几乎与我国消费升级同步，也是反映国民经济发展水平的一面镜子。从自行车和简单的家电生产，一路发展到今天各类智能家电，很多曾经的霸主风光不再，很多新兴的家电企业开始崛起，这就是家电行业发展的现实，不断地吐故纳新，不断地升级换代。

概况说来，家电行业还可以进一步细分为家居家电、厨房家电、个人护理家电以及 3C 数码家电等。

1. 家居家电

家居家电是整个家电品类中的核心板块，在这一板块中诞生了格力电器、美的集团、海尔智家、小天鹅（目前已与美的集团合并）等诸多绩优股，这一板块的发展也是最能反映我国经济发展水平的。家居家电的单价一般都比较高，该板块的发展需要居民消费能力的提升作为支撑。

2. 厨房家电

除了集成灶等大件电器之外，大部分厨房家电都可以划分到小家电范畴，如豆浆机、电饭煲、面包机、电烤箱、微波炉等。有一些家电企业就是以这些小家电起家的，如九阳股份以豆浆机著称，格兰仕以微波炉起步，苏泊尔以锅具知名。当然，近些年来，很多家居家电企业开始抢占厨房家电市场，如美的集团的厨房家电发力很猛，抢占了很大的市场份额。

3. 个人护理家电

对于大多数消费者而言，个人护理家电品类可能除了电动剃须刀和吹风机外，没有太多的认识。当然，近几年来，电动牙刷以及各类黑科技产品也开始走进消费者的视线。未来，随着消费需求的日益多样化，个人护理家电品类可能会成为发展势头最猛的一个分类。

4. 3C 数码家电

3C 数码家电品类中包括了与大家生活密切相关的产品，如手机与家用电脑等产品。其实，几年前，数码摄像机和数码照相机等都是这一品类中的王牌。最近几年，随着手机功能的日益强大，特别是照相、录像功能的完善，一部手机大有取代照相机和摄像机的趋势。当然，这是站在普通消费者的立场来看的，若是专业照相或录像，肯定还是需要专业的设备。

就手机这一细分领域来说，目前整个市场形成了三星、苹果和华为三巨头加若干一线品牌和二线品牌的格局。总之，只有位居行业前列的企业，才有可能获得较为丰厚的收益，而二线或三线品牌的利润则较低。

四、日用化学品行业

日用化学品行业是一个用途非常广泛、细分领域非常多的行业。目前，整个日化领域中，大部分市场被外资品牌垄断，如保洁、联合利华、高露洁等，国内厂商整体实力要远弱于外资厂商。不过，近年来，国内厂商崛起的步伐较快，在很多领域已经能够与外资品牌一较高下，例如，洗衣粉领域的立白，洗衣液领域的蓝月亮，牙膏领域的黑人、云南白药，等等。未来，随着消费者对绿色、环保、健康的重视，国内厂商可能会有更大的发展空间。

在日用化学品领域，上海家化是投资者需要重点关注的对象。

五、服装行业

服装行业是一个相对特殊的消费品类。随着经济的发展，服装消费总量并未出现明显增长，反而还有所下降，但是服装消费额仍保持了上升态势。也就是说，随着大家经济条件变好，越来越多的人倾向于选择质量较高、价格较高的服装，这些服装的平均使用寿命也要长于价格低廉的服装。

从服装行业的整体发展趋势看，质量、品牌以及个性化成为消费者最关注的几个要素，而价格相对并不重要。正因如此，国产服装企业整体发展态势并不理想，毕竟国内服装品牌与国际品牌还有一定的差距。同时，国内服装企业普遍存在库存高企的问题，投资者在选择投资标的时需要加以关注。

从整体上来看，尽管我国属于服装生产大国，但能够与国际知名服装品牌抗衡的本土品牌几乎没有。一些运动类服装近些年来发展较为迅速，但以港股上市为多，比如李宁、安踏体育等。

六、景点及旅游行业

景点及旅游行业的竞争正在变得更加激烈，从事景点经营的企业很难再像以往那样靠收门票轻松过好日子了。景点及旅游企业不得不开展多种经营，将业务扩展至酒店、旅游以及相关的休闲娱乐等项目。

旅游服务行业面临的竞争形势更为严峻，在旅行社领域，中国国旅一家独大，但其大部分利润都来自免税店而非旅游团费收入。在票务服务方面，由于同质化严重，竞争非常惨烈，盈利也越发困难。不过，从大的趋势来看，随着人们收入水平的提升，景点及旅游行业的发展潜力还是非常大的。

在该领域，比较有代表性的投资标的包括中国国旅（现名中国中免）、上海机场等。

第三节　消费品板块核心资产投资标的

消费品板块拥有最丰富的核心资产股票储备，这里仅列举几只比较有代表性的股票，供读者参考。

一、白酒领域核心资产——贵州茅台

贵州茅台，本身就是中国白酒行业的一个标杆。贵州茅台酒股份有限公司是国内白酒行业的标志性企业，主要生产、销售世界三大名酒之一的茅台酒，同时还有饮料、食品、包装材料的生产和销售，防伪技术开发，信息产业相关产品的研制和开发。茅台酒历史悠久，源远流长，是酱香型白酒的典型代表。

在贵州茅台的诸多产品中，飞天茅台是最著名的一个。每年飞天茅台的产量都无法满足市场需求，因而茅台公司不得不采用各种措施和方法限制屯酒和炒酒行为，这也算是消费品板块的一个奇景了。

1.基本产品线与盈利构成

贵州茅台作为白酒行业的领军企业，其收入主要来自各种酒类的生产和销售。下面来看一下贵州茅台的产品销售与利润占比情况，如图 5-4 所示。

	业务名称	营业收入(元)	收入比例	营业成本(元)	成本比例	利润比例	毛利率
按行业	酒类	948.22亿	99.90%	80.83亿	99.13%	99.97%	91.48%
	其他业务	9338.18万	0.10%	7063.01万	0.87%	0.03%	24.36%
按产品	茅台酒	848.31亿	89.38%	51.00亿	62.55%	91.90%	93.99%
	其他系列酒	99.91亿	10.53%	29.83亿	36.58%	8.08%	70.14%
	其他业务	9338.18万	0.10%	7063.01万	0.87%	0.03%	24.36%
按地区	国内	923.90亿	97.34%	78.75亿	96.58%	97.41%	91.48%
	国外	24.32亿	2.56%	2.08亿	2.56%	2.56%	91.43%
	其他业务	9338.18万	0.10%	7063.01万	0.87%	0.03%	24.36%

图 5-4　贵州茅台的产品及收入构成（2020 年度）

从图中可以看出，贵州茅台的整个收入非常简单、清晰，都是围绕茅台酒和茅台系列酒展开的，其中茅台酒的收入占比较高，约占收入的 91.9% 左右。从茅台产品的整体毛利率来看，整个酒类的毛利率在 91% 以上，这说明该企业获得的品牌溢价效益非常明显，市场上的消费者愿意为茅台酒支付更高的价钱。同时，由于茅台酒仍具有很大的提价空间，未来该企业的收益情况仍较为理想。

2. 贵州茅台财务数据说明

先来看一下贵州茅台之前几年的财务与收益数据情况，如表 5-1 所示。

表 5-1　贵州茅台财务数据

时间	2020 年	2019 年	2018 年	2017 年	2016 年
每股收益（元）	37.17	32.80	28.02	21.56	13.31
净利润增长率	13.33%	17.05%	30%	61.97%	7.84%
营业总收入（亿元）	979.93	888.54	771.99	610.63	401.55
每股净资产（元）	128.42	108.27	89.83	72.8	58.03
净资产收益率	31.41%	33.09%	34.46%	32.95%	24.44%

从贵州茅台的财务数据情况来看，大家可以获得这样 4 个事实。

第一，从贵州茅台历年的净利润增长数据可以看出，2016 年属于企业经营比较困难时期，其实这与中央八项规定有关。其后，随着民间消费的推动，贵州茅台的净利润水平重新开始爆发。进入 2019 年、2020 年，该股净利增速出现回落，这与该股净利水平较高有直接的关系。

第二，由于中央反腐仍处于高压态势，三公消费明显减少，茅台酒的民间消费量已经成为其销售的主流。未来随着经济水平的提高，民间消费量还将进一步提升，贵州茅台的营收也将保持较快的增长。近些年来，贵州茅台重新整固了销售渠道，严厉打击假酒和仿冒酒，这可能会推动业绩进一步走高。

第三，从该股的营收来看，由于该股总营收已经接近1 000亿元，未来继续保持大幅增长将会比较困难，特别是茅台酒需要特殊的工艺，生产所需时间较长。

第四，从该股的净资产收益率水平来看，该股的净资产收益率一直维持在20%以上，近年来甚至达到30%以上，这说明该股属于较佳的投资标的。

3.贵州茅台整体分析

从贵州茅台的财务报表中还可以看到，截至2020年年底，该公司手中的现金余额接近1 500亿元，这一数字比该公司一年的营收还要高很多，由此可见该公司赚钱能力之强。同时，该公司的应收账款和应收票据仅为15.33亿元，而合同负债超过133亿元，这说明该公司对下游的经销商具有极强的话语权，经销商为了能够拿货，不得不提前支付预付款。该公司没有任何商誉价值，这说明该公司的资产中没有爆雷的隐患。

截至2020年年底，该公司的存货为288亿元左右，相对于其营收属于较低水平。特别是考虑茅台产品的稀缺性，该存货基本没有隐患。

4.贵州茅台估值分析

若以2020年年底的每股收益37.17元为基准，并以15%的净利润增长率计算，2021年的每股收益为42.75元。以白酒行业30倍左右的市盈率计算，那么该股2021年的合理估值应该在1 282.5元左右。考虑该股的市场地位以及盈利能力，将该股的市盈率设置在30倍左右，还是比较正常的。若放大至40倍，该股股价预估为1 710元。

下面来看一下贵州茅台的股价走势情况。

如图5-5所示，贵州茅台的股价在2020年3月初随着大盘的反弹出现了一波上攻走势。在大盘出现调整时，贵州茅台的股价出现了横向调整。很多长线牛股都曾出现过这类走势，即大盘上涨它跟涨，大盘下跌它横盘。2021年2月中旬，贵州茅台的股价出现了爆发式上攻，并站在了2 627.88元位置。通过之前对贵州茅台股价的估值分析可知，该股股价的合理价格区间应该在1 282.5元～1 710元之间，此时股价已经超越了估值上限，说明股价存在一定的高估。想要入场买入该股的投资者，可在股价出现回调时少量布局建仓。

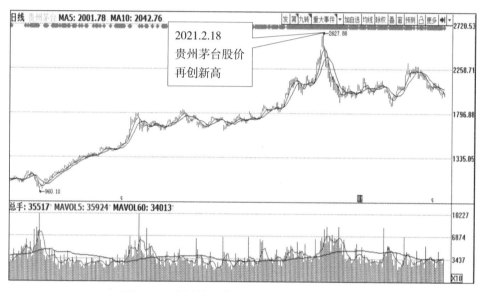

图5-5　贵州茅台（600519）日K线走势图

二、家电领域核心资产——美的集团

美的集团是家电领域内的另一家标志性企业。按照销售额计算，目前美的集团以及所属各品牌的销售额远远超过了格力电器。

美的集团股份有限公司创建于1968年，是一家以家电制造为主的大型综合性企业集团，旗下拥有美的电器、小天鹅、威灵控股等3家上市公司（目前3家上市公司已全部整合入美的集团）。美的集团旗下拥有美的、小天鹅、威灵、华凌、安得、正力精工等10余个品牌。

1. 基本产品线与盈利构成

美的集团的业务连续多年保持强劲增长，其收入主要来自消费电器、空调以及机器人及自动化产品的生产和销售。下面来看一下美的集团的产品销售与利润占比情况，如图 5-6 所示。

	业务名称	营业收入(元)	收入比例	营业成本(元)	成本比例	利润比例	毛利率
按行业	制造业	2566.95亿	100.00%	1883.36亿	100.00%	100.00%	26.63%
按产品	暖通空调	1212.15亿	42.65%	919.25亿	43.19%	41.03%	24.16%
	消费电器	1138.91亿	40.07%	791.13亿	37.17%	48.72%	30.54%
	其他业务收入	227.47亿	8.00%	200.48亿	9.42%	3.78%	11.86%
	机器人及自动化系统	215.89亿	7.60%	172.98亿	8.13%	6.01%	19.88%
	主营业务-其他	47.80亿	1.68%	44.56亿	2.09%	0.45%	6.79%
按地区	国内	1631.40亿	57.40%	1225.72亿	57.59%	56.83%	24.87%
	国外	1210.81亿	42.60%	902.68亿	42.41%	43.17%	25.45%

图 5-6　美的集团的产品及收入构成（2020 年度）

从图中可以看出，美的集团的整个收入中，空调产品和消费电器占比非常高，利润占比也十分相近。从这点上来看，美的集团的空调产品与消费电器共同撑起了企业的主营业务。特别是美的集团厨房小家电的竞争力非常强，再加上吸收合并了小天鹅，使其在洗衣机领域也占有较大的市场份额。

从产品细分上来看，暖通空调的毛利率为 24.16%，贡献了整个公司 41.03% 的利润；消费电器的毛利率达到 30.54%，贡献了 48.72% 的利润，两者合计贡献了整个公司将近 90% 的利润。

总之，美的集团是一家比格力电器业务范围更为广泛的家电生产企业，而且还涉足了机器人以及自动化系统。不过，这项业务的毛利率明显低于空调和消费电器。

从收入地区上来看，美的集团的收入来源地域既有国内市场，还有国外市场，且国外市场占比已经超过了 42.52%。这种占比结构，一方面说明企业实力较强，走出去的步伐比较大；另一方面，由于企业出口业务较多，不可避免地会受到贸易摩擦、汇率变动因素的影响，因而投资者必须结合国际形势全面预判企业的经营情况。例如，有时候从表面上看企业的业绩可能出现了下滑或减速，但实质上只是汇率波动造成的影响，企业的运营可能非常健康和理想。

2. 美的集团财务数据说明

先来看一下美的集团之前几年的财务与收益数据情况，如表 5-2 所示。

表 5-2　美的集团财务数据

时间	2020 年	2019 年	2018 年	2017 年	2016 年
每股收益（元）	3.93	3.60	3.08	2.66	2.29
净利润增长率	12.44%	19.68%	17.05%	17.7%	15.56%
营业总收入（亿元）	2 857.10	2 793.81	2 618.02	2 419.19	1 598.42
每股净资产（元）	16.72	14.58	12.47	11.24	9.46
净资产收益率	24.95%	26.43%	25.66%	25.88%	26.88%

从美的集团的财务数据情况来看，大家可以获得这样 3 个事实。

第一，从净利润增长率来看，美的集团最近几年的净利情况出现了一定程度的回落，但总体上仍保持了 10% 以上的增速。考虑该公司的营收规模和所处行业的竞争态势，这一净利润增速已经相当不错了。

第二，观察美的集团的营收可知，该公司的营收连续多年保持了上升态势，且在 2020 年突破了 2 800 亿元的关口，未来企业的营收规模继续扩张的难度会不断加大。2017 年和 2018 年的营收增速较快，这与企业对小天鹅等控股公司的业务整合有关。也就是说，美的集团的营收扩张并不是全部来自内部营收的增长，还有相当大一部分来自收购相关企业带来的营收增长。这种方法从短期内来看营收增速较快，但能否真正形成 "1+1 ≥ 2" 的效果，还要看整合之后的一系列运作情况。从目前的情况来看，美的集团的整合比较有成效，小天鹅仍旧保持了在洗衣机市场的强势地位，美的集团的空调业务也在接近甚至在某些领域开始超过格力。

第三，从美的集团的净资产收益率水平来看，该股的净资产收益率一直维持在 25% 左右，这是一个非常不错的数字，这说明该股属于一个优质的投资标的。

3. 美的集团整体分析

从美的集团的财务报表中还可以看到，截至 2020 年年底，该公司手中的现金余额为 235.49 亿元，相对于年营收 2 800 亿元水平的企业而言，该数字只能属于一般水平。截至 2020 年年底，该股的资产负债率在 65% 左右，考虑制造企业的固定资产较多，也是可以接受的范围。应收账款（含应收票据）为 282.83 亿元左右，预收账款（合同负债）为 184.01 亿元左右，这是一个相对比较合理的结构。由此可见，美的集团对销售终端具有较强的控制能力。该公司的商誉价值高达 295.57 亿元，这是一个危险的数字，不过这一数字与收购小天鹅等优质资产有关，还是可以接受的。

总之，美的集团的资产质量相对较高，加上美的集团在家电行业领军者的地位，更加可以确认这是一个值得投资的标的。

4. 美的集团估值分析

若以 2020 年年底的每股收益 3.93 元为基准，并以 15% 的净利润增长率计算，2021 年的每股收益为 4.52 元。考虑到作为行业的领军企业，未来增长存在困难，大家可以将美的集团的初始估值设定在 20 倍左右，则预估股价为 90.40 元，若为该股股价打个 8 折，也应该有 72.32 元左右。

下面来看一下美的集团的股价走势情况。

如图 5-7 所示，2020 年年初，随着大盘指数企稳反弹，美的集团的股

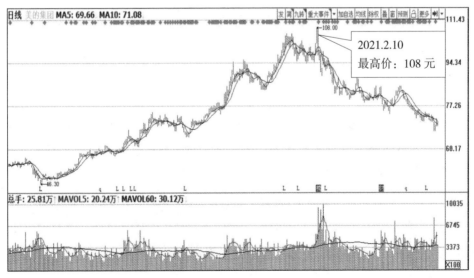

图 5-7　美的集团（000333）日 K 线走势图

价出现了振荡上扬走势。在大盘出现回调时，美的集团的股价呈现出了明显横向振荡整理态势。2021年2月10日，该股股价创下108元的阶段高点后出现回调。到2021年7月初，该股股价已经回落至70元附近。

结合之前对该股的估值可知，该股股价合理波动范围大致在72.32元～90.40元之间。目前该股股价略低于估值区域下限，存在一定的上行需求，长线投资者可以择机入场建仓。

三、调味品领域核心资产——海天味业

作为酱油领域的龙头老大，海天味业拥有较高的市场占有率。佛山市海天调味食品股份有限公司一直专注于调味品的生产和销售，公司目前生产的调味品涵盖了酱油、调味酱、蚝油、鸡精鸡粉、味精、调味汁等多个系列，其中酱油、调味酱、蚝油是公司最主要的产品。

目前，国内酱油市场从整体上来看已经接近饱和状态，而且增长空间有限。特别是随着人们的饮食习惯开始倾向于清淡，酱油市场增长潜力有限。但对于少数品牌商而言，通过抢占中小厂商的市场来扩充自己的市场占有率，仍然是不二选择，毕竟目前酱油市场的行业集中度很低。

1. 基本产品线与盈利构成

海天味业在竞争激烈的调味品市场占有重要的地位，其收入主要来自各类酱油、蚝油以及调味酱的生产和销售。下面来看一下海天味业的产品销售与利润占比情况，如图5-8所示。

从图中可以看出，海天味业的整个收入包括酱油、蚝油和调味酱等，其中酱油占据了绝对的主导地位，酱油产品的销售额占企业收入的比例高达62.58%，而利润占比更是高达69.06%。从毛利率情况来看，该公司产品的毛利率相对较高，特别是酱油产品的毛利率高达47.38%。

在影响企业产品毛利率的因素中，原材料成本是很重要的一块内容。酱油产品的核心原材料是黄豆，目前，由于中美贸易战越演越烈，黄豆价格受贸易战影响很大，很可能会对企业的毛利率产生一定的冲击，投资者需要适当地给予关注。

	业务名称	营业收入(元)	收入比例	营业成本(元)	成本比例	利润比例	毛利率
按行业	食品制造业	216.31亿	94.91%	122.18亿	92.69%	97.94%	43.52%
	其他业务	11.61亿	5.09%	9.63亿	7.31%	2.06%	17.06%
按产品	酱油	130.43亿	62.58%	68.64亿	57.71%	69.06%	47.38%
	蚝油	41.13亿	19.73%	26.59亿	22.35%	16.25%	35.36%
	调味酱	25.24亿	12.11%	14.09亿	11.84%	12.47%	44.20%
	其他业务	11.61亿	5.57%	9.63亿	8.10%	2.21%	17.06%
按地区	北部区域	56.76亿	24.90%	32.19亿	24.42%	25.57%	43.29%
	中部区域	46.55亿	20.43%	26.19亿	19.87%	21.19%	43.75%
	东部区域	44.83亿	19.67%	25.01亿	18.98%	20.62%	44.21%
	南部区域	41.24亿	18.09%	22.77亿	17.28%	19.21%	44.78%
	西部区域	26.92亿	11.81%	16.02亿	12.15%	11.35%	40.51%
	其他业务	11.61亿	5.09%	9.63亿	7.31%	2.06%	17.06%

图 5-8 海天味业的产品及收入构成（2020 年度）

2. 海天味业财务数据说明

先来看一下海天味业之前几年的财务与收益数据情况，如表 5-3 所示。

表 5-3 海天味业财务数据

时间	2020 年	2019 年	2018 年	2017 年	2016 年
每股收益（元）	1.98	1.65	1.62	1.31	1.05
净利润增长率	19.61%	22.64%	23.6%	24.21%	13.29%
营业总收入（亿元）	227.92	197.97	170.34	145.84	124.59
每股净资产（元）	6.19	6.14	5.14	4.35	3.70
净资产收益率	36.13%	33.69%	32.66%	31.12%	32%

从海天味业的财务数据情况来看，大家可以获得这样 3 个事实。

第一，海天味业的净利润增长情况比较稳定和强劲。近几年来，净利润的增长率平均数仍维持在 20% 左右，这说明海天味业的经营状况比较稳定，未来还有望继续保持。

第二，观察海天味业的营收状况可以发现，近几年营业总收入保持了持续增长，2020 年达到了 227.92 亿元。海天味业的酱油市场占有率达到了 15% 的水平，未来继续扩张的难度可能会增大。

第三，从海天味业的净资产收益率水平来看，该股的净资产收益率一直维持在 30% 以上，这是一个非常不错的数字，这说明海天味业是一个非常理想的投资标的。

3. 海天味业整体分析

从海天味业的财务报表中还可以看到，截至 2020 年年底，该公司手中的现金余额接近 155.17 亿元，这是一个非常庞大的现金规模，甚至超过了企业年营收的一半以上。截至 2020 年年底，该股的资产负债率仅为 30% 左右，这是一个非常理想的水平。同时，该企业的商誉价格仅为 3 000 多万元，处于较低水平。该企业的预收账款（合同负债）高达 44.52 亿元以上，这说明企业对下游经销商控制能力较强。

海天味业的市场规模和盈利仍具备上升的潜力：第一，借助品牌优势，仍有望提升市场占有率；第二，作为酱油领域的龙头，仍有提价空间；第三，高端产品仍有上升空间。尽管该股的整体水平较佳，但也存在一定的隐患，截至 2021 年 7 月，该股市值已经接近 5 000 亿元，这是一个极高的水平，未来继续走高的风险较大。

4. 海天味业估值分析

若以 2020 年年底的每股收益 1.98 元为基准，并以 15% 的净利润增长率计算，2021 年的每股收益为 2.28 元。若以食品加工行业 30 倍左右的市盈率估值，该股 2021 年的合理估值应该在 68.40 元左右。考虑该股在行业内的地位和品牌影响力，将其市盈率设置在 40 倍，也是可以接受的水平，则其预估股价为 91.20 元。

下面来看一下海天味业的股价走势情况。

如图 5-9 所示，2020 年年初，随着大盘指数企稳反弹，海天味业的股价出现了振荡上扬走势。2021 年 1 月 8 日，该股股价在振荡过程中创下了 168.12 元的阶段高点。此后，该股股价出现了振荡回调，到 2021 年 7 月初，该股股价回落至 110 元上方。

根据之前对该股的价格分析可知，该股股价的相对合理区间在 68.40 元～91.20 元之间。截至 2021 年 7 月，该股股价仍运行于估值区间上方，且远远高于估值。出于投资安全的考虑，投资者最好等股价回归估值区域内时再入场建仓。

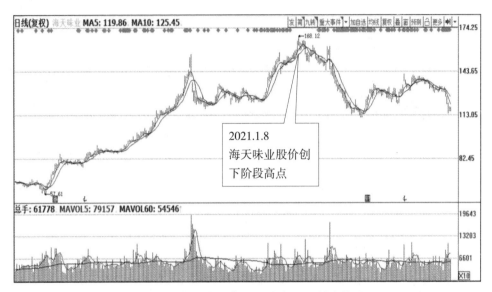

图 5-9　海天味业（603288）日 K 线走势图

四、乳制品领域核心资产——伊利股份

在很长的一段时间内，国内乳业市场一直处于伊利与蒙牛双雄争霸的局面。近年来，伊利股份与蒙牛乳业之间的差距有逐渐拉大的趋势，伊利股份成为投资者眼中理想的投资标的。

内蒙古伊利实业集团股份有限公司是一家主要经营液体乳及乳制品和混合饲料制造业务的公司，公司主要产品有液体乳、冷饮系列、奶粉及奶制品、混合饲料等，该公司是国家 520 家重点工业企业和国家八部委首批确定的全国 151 家农业产业化龙头企业之一，公司下设液态奶、冷饮、奶粉、酸奶和原奶五大事业部，所属企业 80 多个，生产"伊利"牌雪糕、冰淇淋、奶粉、酸奶等 1 000 多种产品。（资料源自同花顺软件平台）

1. 基本产品线与盈利构成

伊利股份在整个乳业市场占有重要的位置，其收入主要来自液态奶、奶粉以及冷饮产品的生产和销售。下面来看一下伊利股份的产品销售与利润占比情况，如图 5-10 所示。

	业务名称	营业收入(元)	收入比例	营业成本(元)	成本比例	利润比例	毛利率
按行业	液体乳及乳制品制造业	951.66亿	98.59%	607.22亿	98.25%	99.21%	36.19%
	其他业务	11.79亿	1.22%	9.65亿	1.56%	0.61%	18.11%
	其他	1.79亿	0.19%	1.18亿	0.19%	0.17%	33.82%
按产品	液体乳	761.23亿	78.86%	502.03亿	81.23%	74.66%	34.05%
	奶粉及奶制品	128.85亿	13.35%	73.58亿	11.90%	15.92%	42.90%
	冷饮产品	61.58亿	6.38%	31.61亿	5.11%	8.63%	48.66%
	其他业务	11.79亿	1.22%	9.65亿	1.56%	0.61%	18.11%
	其他产品	1.79亿	0.19%	1.18亿	0.19%	0.17%	33.82%
按地区	其他	421.31亿	43.65%	272.85亿	44.15%	42.76%	35.24%
	华北	280.84亿	29.10%	178.42亿	28.87%	29.50%	36.47%
	华南	251.30亿	26.03%	157.13亿	25.42%	27.12%	37.47%
	其他业务	11.79亿	1.22%	9.65亿	1.56%	0.61%	18.11%

图 5-10　伊利股份的产品及收入构成（2020 年度）

从图中可以看出，伊利股份的整个收入中，液体乳、奶粉以及冷饮产品的销售额都比较高，且以液体乳销售额最高，占到公司总收入的 78.86%。不过，从毛利率构成情况来看，奶粉以及奶制品、冷饮产品的毛利率显然高于液体乳。如果从整个乳业的毛利率水平来看，伊利股份的毛利率水平显然高于行业平均水准，特别是在液体奶领域，与其他奶制品企业相比具有显著的优势。

从毛利率情况来看，冷饮产品明显最高，但其营收和利润贡献比较低，这也是公司未来突破的方向。

从收入地区上来看，伊利股份的收入来源地域相对比较均衡，包括了华北和华南两大区域，其他地区的销售占比也很高。

总之，从伊利产品结构和毛利率情况来看，该企业因其处于龙头位置，与其他乳制品企业相比优势比较明显。

2. 伊利股份财务数据说明

先来看一下伊利股份之前几年的财务与收益数据情况，如表 5-4所示。

表 5-4　伊利股份财务数据

时间	2020 年	2019 年	2018 年	2017 年	2016 年
每股收益（元）	1.17	1.15	1.06	0.99	0.93
净利润增长率	2.08%	7.67%	7.31%	5.99%	22.24%
营业总收入（亿元）	968.86	902.23	795.53	680.58	606.09
每股净资产（元）	5	4.29	4.59	4.13	3.81
净资产收益率	25.18%	26.38%	24.33%	25.22%	26.58%

从伊利股份的财务数据情况来看，大家可以获得这样 3 个事实。

第一，从净利润增长率来看，伊利股份最近几年的净利情况出现了一定程度的回落，特别是 2020 年，更是下降到不足 3%。其实，这与伊利股份所占的市场份额很高，距离行业天花板越来越近有关。未来，随着企业规模的扩大，企业利润的增长难度将会越来越大。

第二，观察伊利股份的营收可知，该公司的营收连续保持了上升态势，且在 2020 年仍旧保持了强势上升。未来，该公司的营收维持上升格局的可能性很大，但难度会越来越大。

第三，从伊利股份的净资产收益率水平来看，该股的净资产收益率一直维持在 20% 以上，这是一个非常不错的数字，说明该股属于一个优质的投资标的。

3. 伊利股份整体分析

从伊利股份的财务报表中还可以看到，截至 2020 年年底，该公司手中的现金余额为 110 亿元以上，这是一个非常不错的水平。截至 2020 年年底，该股的资产负债率在 57% 左右，这是一个可以接受的水平，不过，该股的资产负债率相对于前几年已经有了明显的上升，投资者还是要保持警惕。应收账款（含应收票据）为 17.59 亿元左右，预收账款（合同负债）为 60.56 亿元，这是一个比较合理的结构，由此可见，伊利股份对销售终端具有较强的控制能力。该公司的商誉价值仅为 3.62 亿元，未来商誉爆雷可能性不大。

总之，伊利股份的资产质量较高，加上伊利股份本身作为乳制品行业领军者的地位，更加可以确认这是一个值得投资的标的。

4.伊利股份估值分析

若以 2020 年年底的每股收益 1.17 元为基准，并以 10% 的净利润增长率计算，2021 年的每股收益为 1.29 元。对应食品加工行业 30 倍左右的市盈率，该股 2021 年的合理估值应该在 38.70 元左右。

下面来看一下伊利股份的股价走势情况。

如图 5-11 所示，2020 年年初，随着大盘指数企稳反弹，伊利股份的股价出现了振荡上扬走势。2021 年 1 月 5 日，该股股价在振荡过程中收出了 51.03 元的高价。随后，该股股价与大盘同步出现振荡回调。到 2021 年 7 月初，该股股价来到了 35 元附近位置。根据之前对该股的价格分析可知，该股相对合理股价在 38.70 元左右。截至 2021 年 7 月初，该股股价运行在略低于合理估值区间，投资者可在股价出现回调整理时逐步建仓。

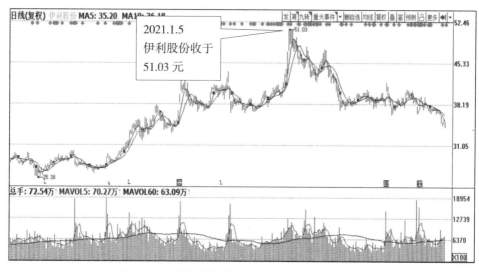

图 5-11　伊利股份（600887）日 K 线走势图

第六章

科技创新板块核心资产

2021 年，全国人大通过了《中华人民共和国国民经济和社会发展第十四个五年规划和 2035 年远景目标纲要》。这份纲要指出："坚持创新在我国现代化建设全局中的核心地位，把科技自立自强作为国家发展的战略支撑，面向世界科技前沿、面向经济主战场、面向国家重大需求、面向人民生命健康，深入实施科教兴国战略、人才强国战略、创新驱动发展战略，完善国家创新体系，加快建设科技强国。"

随着国家对科技创新的重视，企业对科技研发方面的投入不断加大。特别是 2018 年以来爆发的中美贸易战，使很多企业认识到，只有科技自主，才能不受制于人。未来，整个科技创新板块的发展前景可期，期间也会涌现出大批核心资产类股票。

第一节　科技创新板块核心资产选择逻辑

选择科技创新板块核心资产时，一般需要遵循以下基本逻辑。

一、新一轮科技革命

人类发展的历史，其实就是一部生动的科技革命史。从远古时代的石器时代到铁器时代，就是一次完全的科技革命。近代以来的几次科技革命，将人类利用自然的水平推升到了前所未有的高度。从以铁路和蒸汽机为代表的第一次科技革命，到以电气为代表的第二次科技革命，再到以信息技术、原子能、空间技术和生物工程为代表的第三次科技革命，每次科技革命都会孕育和产生一系列新的机会，并诞生一些伟大的企业。眼下所进行的又是一场全新的科技革命，比如人工智能、3D技术、基因技术等，都是比较有代表性的领域。与此同时，每项革命性的技术出现后，都会带动一大批相关产业的发展。比如，人工智能技术的发展，将会极大地改变其他行业和社会的生产运作方式。

从以往的经验来看，科技革命发展过程中，一切都处于更新与升级换代之中，身处其中的企业，要么成为科技革命的推动者或变革者，要么成为科技革命的牺牲品。

时势造英雄。一波新的科技浪潮启动后，必然会有一批新的科技巨头诞生，拥有核心资产属性的投资标的，也必然身处其中。

二、创新，获得更大的发展空间

在中共中央十九大报告中，创新被列为引领经济和社会发展的第一动力。特别是随着国民经济进入新常态后，既需要新的需求拉动，也需要科技创新的带动。正因如此，近年来创新被反复提及，创新型企业、创新型项目也更容易获得社会和资本的支持。

近年来，各大风投机构主要的投资方向无一不是具有开创型的项目。据有关机构统计，最近5年风投机构投资的项目中，涉及最多的行业分别为互联网、IT、娱乐传媒、金融、电信及增值行业等。在这些行业创业的企业中，多数都是具有鲜明创新特点的企业。毕马威发布的《风投脉搏：2021年第二季度全球风投趋势分析报告》给出的数据显示：2018年，中国风投交易额达到了705亿美元，相比2017年的461亿美元足足上升了52.9%。2020年，因受疫情的影响，全球经济出现了萎缩，但风险投资资金逆风而上，这一点在中国表现得更为明显。2020年第四季度，风险投资数量和总额分别从第三季度的830宗和149亿美元增加到869宗和198亿美元，为连续8个季度以来最高，同期全球前5宗最大额的交易均在中国完成。

2020年全球独角兽企业500强排名中，中国企业数量和估值均居世界第一，分别为217家和9 376.9亿美元，连续两年位居全球独角兽企业500强榜首。

由此可见，社会资金对创新项目的支持力度之大，也体现了这些资金对国内创新项目的信心。与此同时，阿里巴巴、百度、腾讯、京东等大型科技巨头也纷纷在科技创新板块布局，力求引领科技行业的发展。

三、关键核心技术突破迫在眉睫

自2018年开始的中美贸易战，让大家认清了一个现实，核心技术若不是掌握在自己的手中，就容易受到攻击。华为与中兴面对制裁的表现，让更多的企业坚定了这样一个信念：必须突破关键的核心技术。

我国政府从更加宏观的角度，制定和发布了一系列有关科技发展的战略规划，其目的就是希望我国的企事业和科研单位能够在关键核心技术领域取得突破。

技术攻关迫在眉睫，这也为很多科技创新型企业提供了一次跨越式发展的契机。谁能率先在受到制约的领域取得技术方面的突破，就可能享受技术壁垒带来的红利。为此，很多大型企业都纷纷发布了雄心勃勃的科研攻关计划，比如在芯片领域、国产操作系统领域、关键核心电子元器件领域等，都有大批企业在行动。

第二节　科技创新板块细分领域

从广义上来看，科技创新行业涵盖的范围非常广泛，特别是很多传统行业与新技术、新科技结合，产生了诸如新材料、高端制造等新兴行业。由于篇幅的限制，本节介绍的科技创新行业包括但不限于如下几个典型领域，如图6-1所示。

一、电子科技行业

电子科技行业属于信息科技、互联网以及大部分新兴技术产业的基础性

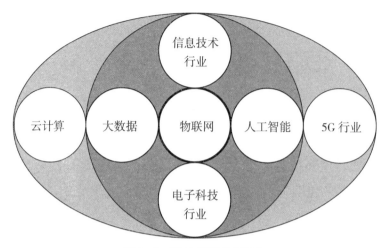

图 6-1　科技创新行业细分

支撑行业。无论信息技术如何发展，人工智能如何发展，都离不开最基础的半导体芯片和基本的电子元器件、电子材料等。目前，信息技术、人工智能、5G、大数据、云计算领域发展势头非常不错，但恰恰是最基础的电子科技行业诸如芯片、核心电子元器件、高端电子材料等领域落后，限制了新兴行业的发展。换句话说，新兴行业的发展，离不开电子科技行业的强大。

目前，电子科技行业的分类标准并不统一，涉及的具体细分领域也有所不同。本书从股票投资的角度，将电子科技行业划分成5个类别，如图6-2所示。

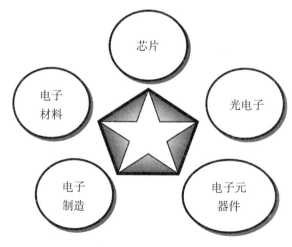

图 6-2　电子科技行业的 5 个细分领域

1. 芯片

芯片包括集成电路，是国内电子科技行业中发展相对较弱的一个领域。比如常用的各类计算机用芯片，大部分都从国外进口，大部分手机所用芯片也从国外进口。当然，一些智能家电和其他电子产品芯片，国产化程度相对高一些。总之，越是技术层面较高的芯片（集成电路），国产化程度越低。从这个角度来看，很多从事芯片研发与生产的企业都是值得关注的，比如紫光国微、汇顶科技、兆易创新等。

2. 光电子

一般情况下，金属表面在光辐照作用下发射电子的效应统称为光电效应，发射出来的电子叫作光电子。目前，光电子的应用范围十分广泛，从新能源到光通信，从光存储到光显示、光感应，再到激光产业等，总之，未来科技行业的发展离不开光电子行业的发展。同时，在光通信等核心技术领域，国内企业的技术实力仍与国外发达国家相差很远，该领域的典型企业有视源股份等。

3. 电子元器件

从电子元器件的定义来看，芯片（包含集成电路）也是电子元器件领域的一个分支，但由于芯片太特殊了，所以单独提出。电子元器件实质上是由两个分支构成的，其一为电子元件，其二为电子器件。目前，元件与器件的界限开始变得模糊，不过，电子元器件领域与芯片领域相似，在很多电子产业生产所需的核心电子元器件方面，国产化水平很低，特别是一些电子元器件，国内可能很难找到供应商。电子元器件生产企业有法拉电子、深南电路等。

4. 电子制造

电子制造涉的领域也非常广，这里主要是指一些电子消费产品及其配件、附属产品的制造。当然，该领域也包括一些为知名厂商代工的电子产品生产企业。中国作为世界工厂，在电子制造方面的优势还是比较明显的，也涌现出了一批优秀企业，比如海康威视、大华股份等。

由于消费电子市场火爆，国内市场上也涌现出了一批以消费电子制造为核心业务的企业，如立讯精密、歌尔股份等。

5. 电子材料

电子材料领域也是一个让国内电子科技企业头疼的行业，该领域中的一些高端电子材料国产化很低，特别是一些尖端电子材料，几乎都被外资巨头垄断。未来，打破外资企业的垄断还要靠国内企业加大技术攻关力度。该领域的典型企业有硅材料生产企业中环股份等。

二、信息技术行业

信息技术行业被认为是第三次科技革命的代表性产业，其发展早已步入了一个新的阶段。在本书的分类中，信息技术行业被细分为4个领域，如图6-3所示。

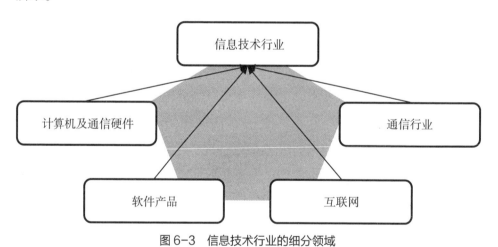

图6-3 信息技术行业的细分领域

1. 计算机及通信硬件

该领域属于信息技术的硬件领域，包括计算机产品、服务器、存储器以及通信设备等细分领域。当然，这里的计算机产品主要指商用计算机和超级计算机等，并非普通的个人电脑。中科曙光、浪潮信息是典型的代表。

2. 软件

软件是信息技术行业中非常重要的一个细分领域，它是指一系列按照特定顺序组织的计算机数据和指令的集合。常见的软件产品包括系统软件，比如大家常用的微软操作系统，也包括各种应用软件，比如人们经常使用的QQ、微信等。目前，国产软件还是以应用软件为主，在操作系统领域还是由外资企业占主导地位，如微软等。正因如此，大力发展国产操作系统已经成为一个重要任务。目前，软件自主可控已经上升至国家战略。

3. 互联网

互联网又称国际网络，指的是网络与网络之间所串连成的庞大网络，这些网络以一组通用协议相连，形成逻辑上的单一巨大国际网络。从某种意义上来说，互联网代表了未来的一个方向，几乎所有的物品都将通过互联网连接。正因如此，互联网企业总是更容易获得资本的青睐。不过，大多数互联网企业在成立初期都会经历一段盈利困难期，毕竟企业需要投入的人力成本和设备、资源成本较高。由于规则和制度的原因，很多互联网企业无法在国内A股市场获得融资，只能选择远赴香港或美国上市，比较典型的互联网企业包括阿里巴巴、百度、腾讯、京东、美团等。

4. 通信行业

通信行业是指人与人、人与自然进行信息交流与传递的行业。随着科技的不断进步与发展，通信行业也在不断地与时俱进。比如，当前正在推进的5G网络部署，就是通信行业的又一次升级行动。

该领域比较有典型性的企业包括中兴通讯、中国联通、中国电信、中国移动等。

三、云计算

云计算行业是新兴行业中非常具有代表性的一个领域。正是随着云计算行业的发展，才推动物联网、大数据、人工智能产业的快速发展。可以这样说，云计算产业就是其他新兴产业的基础性产业。也正是因为有了云计算产业，才使得普通个人或小型企业获得了使用超级计算的机会。

目前，腾讯、阿里巴巴、百度、华为等诸多科技巨头在云计算领域均有布局，具体来看，浪潮信息在云计算领域拥有较强的竞争能力。

四、大数据

大数据是与普通数据相对的一个概念。通常情况下，我们获得的数据都是非常有限的，而且力求通过对获得的数据进行严谨的分析以得出某项结论。不过，由于数据采集量有限，获得的结论往往存在准确率不高的情况。引入大数据后，情况将会完全不一样。大数据力求通过对数据整体的研究、分析和处理，以获得更为准确的结论。由于数据采集量大，因而所需的存储设备及空间等都非常庞大，这也推动了相关产业的发展。

在数据存储领域，中科曙光是典型的代表，紫晶存储也表现出了不错的竞争力。在数据中心领域，数据港和奥飞数据都表现了不错的竞争力。

五、物联网

物联网也是近年来非常热门的一个概念题材。从字面上来看，物联网本身就是互联网的一个延伸，倡导万物互联。也就是说，当物联网普及后，人们只需借助一个通信终端，就可以随时搜索、定位或控制相关的物品。目前，发展较好的物联网细分领域包括车联网、智能家居以及智慧工厂等。

由于物联网尚处培育和发展期，除了科技巨头外，其他企业尚需时间培育。

六、人工智能

人工智能是研究、开发用于模拟、延伸和扩展人的智能的理论、方法、技术及应用系统的一门新的技术科学。从本质上来说，人工智能就是一门研究如何用计算机或其他设备替代人进行思考、工作的行业。人工智能行业的发展与人对自身大脑的研究和了解有关。只有对自身大脑的结构和工作原理有更为深入的了解，才能推动人工智能向更高层面发展。

以科大讯飞为代表的相关企业，在人工智能产业中的智能语音领域取得较高的市场份额，寒武纪在人工智能芯片领域也占有较高的市场份额。

七、5G 行业

5G 行业是时下非常热门的一个概念，5G 网络是相对于 4G、3G 和 2G 来说的。也就是说，5G 网络铺设完毕后，手机的信号网络将会过渡到 5G 时代。当然，从 3G 到 4G 的转换花了很多年时间，且带动了一大批相关产业的发展，如信号塔（基站）、通信器材、手机以及各类通信软件与硬件等。同样，5G 替代 4G 的过程中，也会推动相关产业的发展，特别是基站（天线）、光纤等行业将会显著受益。

目前，整个 5G 行业的发展十分迅猛。由于华为尚未上市，因而中兴通讯就成为主要的代表企业。现在整个 5G 产业链中很多企业尚处于成长期，未来还有很长的路要走。

第三节　科技创新板块核心资产投资标的

相对于消费品板块的核心资产股票来说，有些科技板块的核心资产股票盈利能力并没有那么强，这与行业尚未进入成熟期有关。不过，从另一方面来看，正因为科技板块的企业尚未进入成熟期，才使得这些股票拥有更为广阔的发展空间和潜力，这些股票带给投资者的想象空间也更大。

本节从科技板块筛选出 4 只有代表性的核心资产股票，供读者参考。

一、超算与数据存储核心资产——中科曙光

中科曙光是一家典型的高科技企业，也是国产高性能计算机龙头企业和超算、服务器、存储设备生产企业，连续多年处于高性能计算机产品国内市场占有率第 1 名的位置。

曙光信息产业股份有限公司主营业务为研究、开发、生产制造高性能计算机、通用服务器及存储产品，并围绕高端计算机提供软件开发、系统集成与技术服务。

1.基本产品线与盈利构成

中科曙光作为高性能计算机设备生产的代表企业，为各类企事业单位和政府机构、研究院，也包括数据中心提供产品。其收入主要来自高性能计算机、通用服务器以及软件产品等。下面来看一下中科曙光的产品销售与利润占比情况，如图6-4所示。

	业务名称	营业收入(元)	收入比例	营业成本(元)	成本比例	利润比例	毛利率
按行业	企业	52.20亿	51.37%	42.22亿	53.36%	44.37%	19.11%
	政府	25.80亿	25.39%	19.76亿	24.98%	26.84%	23.39%
	公共事业	23.59亿	23.21%	17.13亿	21.65%	28.72%	27.37%
	其他业务	278.73万	0.03%	113.32万	0.01%	0.07%	59.34%
按产品	高端计算机	80.48亿	79.20%	68.51亿	86.59%	53.22%	14.87%
	软件开发、系统集成及技术服务	11.09亿	10.91%	2.86亿	3.62%	36.59%	74.19%
	存储产品	10.02亿	9.86%	7.74亿	9.78%	10.12%	22.72%
	其他业务	278.73万	0.03%	113.32万	0.01%	0.07%	59.34%

图6-4 中科曙光的产品及收入构成（2020年度）

从图中可以看出，中科曙光的整个收入以高性能计算机为主，占到整个收入的79.20%。不过，高性能计算机的利润占比仅为53.22%，成本占比高达86.59%。这说明高性能计算机的生产属于一个高投入、低产出、低毛利率的业务，从中也可以了解为何国内涉足该领域的企业少之又少。当然，其他企业没有涉足该领域，还与其需要较多的科研人员有关，这是其他企业所不具备的资源。

软件开发、系统集成与技术服务属于中科曙光的第二大业务领域，营收占比为10.91%，但利润占比高达36.59%。也就是说，该项业务以较少的资源，为公司获取了较高的投资回报。该项业务的毛利率更是高达74.19%。

存储产品的年收入也超过了10亿元，毛利率水平22.72%，贡献的利润占比为10.12%。相对于该公司的其他两项业务，这类业务还有很大的成长空间。

从产品营收构成来看，高性能计算机产品尽管利润率相对较低，但仍是中科曙光的立企之本，软件则是中科曙光的主要盈利来源。软件与硬件的融合，将成为中科曙光的一大利润增长点，存储产品也有望继续扩大市场份额。

总体来看，基于强大的中科院背景和雄厚的科研实力，加之国家相关政策的扶持，中科曙光的发展会比较顺利。

2. 中科曙光财务数据说明

先来看一下中科曙光之前几年的财务与收益数据情况，如表6-1所示。

表6-1　中科曙光财务数据

时间	2020年	2019年	2018年	2017年	2016年
每股收益（元）	0.62	0.47	0.67	0.48	0.36
净利润增长率	38.53%	37.86%	39.43%	37.71%	26.77%
营业总收入（亿元）	101.61	95.26	90.57	62.94	43.6
每股净资产（元）	8.02	4.62	5.69	4.89	4.52
净资产收益率	12.48%	14.66%	12.49%	10.24%	10.59%

注：2018年、2019年年报该股有大比例转股情况。

从中科曙光的财务数据情况来看，大家可以获得这样3个事实。

第一，从中科曙光历年的净利润增长数据可以看出，近几年来，中科曙光的净利增速处于高速上升期，且最近两年有加速的态势。

第二，从中科曙光的营收来看，该企业的营收增速始终保持较快的速度，但总体来看规模仍不大，未来仍有很大的成长空间。

第三，从该股的净资产收益率水平来看，该股的净资产收益率在10%以上，但仍未达到15%的理想投资收益及格线。当然，这与该公司资源中有相当大一部分被用于研发高性能计算机有关，从这点上来看，这种收益率还是可以接受的。

总之，该公司股票还是一个不错的投资标的，特别是考虑到该公司研发的高性能计算机产品对国家具有重要的战略意义。

3. 中科曙光整体分析

从中科曙光的财务报表中还可以看到，截至2020年年底，该公司手中的现金余额为80亿元左右。对于一家营收只有100亿元的企业而言，这种现金余量还是非常多的，当然，这与该公司2020年实施了一次增发有关（47.49

亿元）。截至 2020 年年底，该公司的应收账款达到了 21.91 亿元，预收账款（合同负债）为 13.35 亿元。尽管应收账款偏高，但由于客户质量较佳，且高性能计算机产品具有工程性质，存在延期付款的状况，因而可保证财务的安全性。截至 2020 年，该公司的存货在 27.81 亿元左右，仍属于可控的水平。查看该公司 2020 年的研发费用可知，该公司的年度研发费用为 7.35 亿元左右，属于研发投入中等偏上的水平。

从整体上来看，该公司营收与净利润的快速增长是建立在市场需求快速增长基础之上的。按照目前计算机行业的发展态势，未来对高性能计算机产品和相关软件产品的需求可能会进一步放大，对中科曙光来说，这无疑是一个大利好。同时，该公司在以下 3 个方面也具有很大的优势。

第一，背靠中科院，这是中科曙光拥有的最大的品牌优势。

第二，丰富的技术积累和人才储备，这点也源于该企业属于中科院系的缘故。

第三，借着云计算、人工智能以及大数据的东风，中科曙光的业绩增长空间十分广阔。

4. 中科曙光估值分析

以 2020 年年底的每股收益 0.62 元为基准，并以 35% 的净利润增长率计算，2021 年的每股收益为 0.84 元。作为高性能计算机领域的龙头企业，大家可以考虑按照 35 倍市盈率来为股票估值（主要由于高性能计算机产品的毛利率偏低），其 2021 年的股价预测值为 29.40 元。

下面来看一下中科曙光的日 K 线走势图。

如图 6-5 所示，中科曙光的股价自 2020 年年中随着大盘暴涨而出现了大幅走高的走势。2020 年 7 月 10 日，股价创下 53.98 元的阶段高点，之后开始振荡走低。2021 年 2 月 8 日，该股收盘价为 28.07 元。通过之前对中科曙光股价的估值分析可知，该股的合理价格应该在 29.40 元左右。也就是说，截至 2021 年 4 月初，中科曙光的股价基本运行于估值附近，投资者可在股价出现大幅下跌时择机入场。

图6-5　中科曙光（603019）日K线走势图

二、晶圆代工制造龙头——中芯国际

中芯国际是国内芯片代工领域内非常具有代表性的企业，也是颇受市场瞩目的企业。

中芯国际集成电路制造有限公司成立于2000年4月3日，主要从事集成电路晶圆代工业务，以及相关的设计服务与IP支持、光掩模制造、凸块加工及测试等配套服务，属于集成电路行业。公司主要产品及服务为集成电路晶圆代工、设计服务与IP支持、光掩模制造及凸块加工及测试，公司是全球领先的集成电路晶圆代工企业之一，也是中国大陆技术最先进、规模最大、配套服务最完善、跨国经营的专业晶圆代工企业，主要为客户提供0.35微米至14纳米多种技术节点、不同工艺平台的集成电路晶圆代工及配套服务。（资料来源：同花顺软件信息平台）

1. 基本产品线与盈利构成

中芯国际作为一家以集成电路晶圆代工业务为主的企业，其收入主要来自集成电路等方面。下面来看一下中芯国际的产品销售与利润占比情况，如图6-6所示。

	业务名称	营业收入(元)	收入比例	营业成本(元)	成本比例	利润比例	毛利率
按行业	集成电路行业	269.75亿	98.19%	204.76亿	97.80%	99.47%	24.09%
	其他业务	4.96亿	1.81%	4.62亿	2.20%	0.53%	6.93%
按产品	集成电路晶圆制造代工	239.89亿	87.32%	187.58亿	89.59%	80.06%	21.81%
	其他主营业务	29.86亿	10.87%	17.18亿	8.20%	19.41%	42.47%
	其他业务	4.96亿	1.81%	4.62亿	2.20%	0.53%	6.93%
按地区	中国大陆及中国香港	176.34亿	64.19%	-	-	-	-
	北美洲	62.59亿	22.78%	-	-	-	-
	欧洲及亚洲	35.78亿	13.03%	-	-	-	-

图 6-6 中芯国际的产品及收入构成（2020 年度）

从图中可以看出，中芯国际的整个收入主要来自两大门类，即集成电路业务和其他业务。

其中，集成电路晶圆制造代工业务，占到了总营收的 87.32% 左右，毛利率为 21.81%，利润占比为 80.06%，这是该公司名副其实的第一大业务。

其他主营业务收入占比为 10.87%，毛利率为 42.47%，利润贡献率为19.41%。其他业务的营收和利润占比都比较小。

从销售地区来看，境外销售收入占比超过了 35%，这说明该公司在国际市场还是有一定竞争力的。

2. 中芯国际财务数据说明

先来看一下中芯国际之前几年的财务与收益数据情况，如表 6-2 所示。

表 6-2 中芯国际财务数据

时间	2020 年	2019 年	2018 年	2017 年	2016 年
每股收益（元）	0.67	0.34	0.14	0.27	—
净利润增长率	141.52%	140.04%	-39.98%	230.56%	—
营业总收入（亿元）	274.71	220.18	230.17	213.90	—
每股净资产（元）	15.60	8.62	8.17	6.97	—
净资产收益率	6.29%	4.25%	1.99%	4.26%	—

注：该公司 2020 年 7 月上市。

中芯国际上市时间比较短，因此，对中芯国际的财务数据分析准确性可能会有一定的折扣，投资者需要理解。基于已知的财务数据，大家可以获得这样3个事实。

第一，从中芯国际历年的净利润增长数据可以看出，该股最近几年的净利处于高速增长时期，这与整个人工智能芯片行业的大发展有直接关系。同时，由于人工智能产业为未来主要发展方向，且目前仍处于起步初期，未来该股的净利有进一步走高的可能。

第二，从中芯国际的营收来看，到2020年，该股营收仍不足300亿元。尽管在科创板已经是一个不错的数据了，但考虑该股所处的特殊赛道，以及该企业所处的特殊位置，这种营收规模未来还有很大的成长空间。

第三，从该股的净资产收益率水平来看，该股的净利规模仍然较小，相比该股的净资产，其收益率偏低也是可以理解的。

单从财务角度来看，中芯国际的情况并不能令人满意。不过，该股的成长性和净利润增长率持续向好，可以极大地提升投资者的信心。

3. 中芯国际整体分析

从中芯国际的财务报表中还可以看到，截至2020年年底，该公司手中的现金余额为641.92亿元左右。对于一家营收不足300亿元的企业而言，这种现金余量还是非常充足的，这与该公司刚刚完成上市融资有关。

截至2020年年底，该公司的应收账款将近30亿元左右，存货为52亿元左右，相对于该股的营收来说，还在可接受范围。特别是考虑行业的特殊性，该企业必然需要有较多的存货。预收账款（合同负债）达到了13亿元左右，这说明该公司对下游企业控制能力较强。

2020年，该公司的研发费用为46.72亿元，这是一个相当高的数字，这也从侧面说明该公司尚处于投入期。高额的研发费用，可以让人对该企业未来的发展充满信心。

从整体情况来看，该公司尽管研发费用投入较高，但因刚刚完成上市融资，足可以支持该公司几年内对资金的需求。由于该公司所处的赛道具有其他企业不具备的优势，同时，考虑到该公司属于芯片代工领域，是国内市场份额最高的企业，因而大家可以对其发展保持坚定的信心。

4. 中芯国际估值分析

针对中芯国际的成长情况，大家可以考虑按照 PEG 估值法进行估值。从该股的净利增速来看，该股在科创板中属于典型的成长股。该股 2020 年每股净利润为 0.67 元，净利增速为 140%。若 2021 年能够达到 50% 的净利增速，其每股收益为 1.01 元。按其 50 倍的市盈率来估值，则其股价为 50.50 元。也就是说，50 倍估值对应了 50% 的净利增速，其 PEG 值仅为 1，这是一个相当保守的估值。其实，考虑该股所处的赛道以及在国内市场的地位，将 PEG 值放大至 2，也是可以接受的。不过，若考虑该股整体盘子较大，按照当前的估值，市值已经将近 4 000 亿元，如将 PEG 值提升至 2，则市值将逼近 8 000 亿元，这显然是不科学的，因此，大家最多将 PEG 值调整至 1.5，对应股价为 75.75 元。

下面来看一下中芯国际的日 K 线走势图。

如图 6-7 所示，2020 年 7 月，中芯国际科创板上市后，经历了一波上升后，

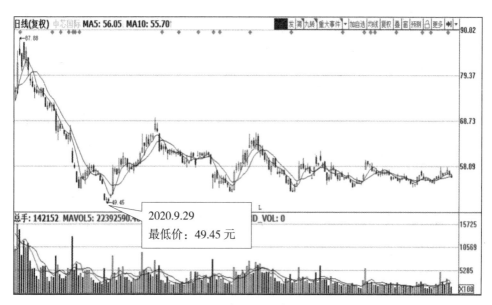

图6-7　中芯国际（688981）日 K 线走势图

出现了振荡下跌行情。其实，新股上市后的第一波上升与回调，也可以看作是股票价值的一种回归。

2020 年 9 月 29 日，该股最低价达到 49.45 元。其后，该股股价出现了振荡盘整，到 2021 年 6 月份，该股股价整体上处于 60 元左右的位置。

通过之前对中芯国际股价的估值分析可知，该股股价的合理价格区间应该在 50.50 元～75.75 元之间。也就是说，该股当前的价格基本处于大家预估的价格区间下限，还是具有一定投资价值的。

三、安防领域核心资产——海康威视

海康威视是一家全球领先的以安防视频监控为核心的物联网解决方案提供商，致力于不断提升视频处理技术和视频分析技术，面向全球提供领先的监控产品和技术解决方案。其产品包括硬盘录像机（DVR）、视音频编解码卡等数据存储及处理设备，以及监控摄像机、监控球机、视频服务器（DVS）等音视频信息采集处理设备。该公司的视频监控产品销售规模连续数年居于国内全行业第 1 位。

1. 基本产品线与盈利构成

海康威视作为监控视频领域内的龙头企业，其收入主要来自安防视频的生产和销售业务。下面来看一下海康威视的产品销售与利润占比情况，如图 6-8 所示。

	业务名称	营业收入(元)	收入比例	营业成本(元)	成本比例	利润比例	毛利率
按行业	视频产品及视频服务	635.03亿	100.00%	339.58亿	100.00%	100.00%	46.53%
按产品	前端产品	288.41亿	45.42%	127.97亿	37.69%	54.30%	55.63%
	中心控制产品	101.46亿	15.98%	55.88亿	16.46%	15.43%	44.93%
	其他	98.66亿	15.54%	68.87亿	20.28%	10.08%	30.19%
	后端产品	68.67亿	10.81%	34.64亿	10.20%	11.52%	49.56%
	创新业务	48.10亿	7.57%	31.64亿	9.32%	5.57%	34.22%
	建造工程	16.14亿	2.54%	13.54亿	3.99%	0.88%	16.15%
	机器人业务	13.59亿	2.14%	7.04亿	2.07%	2.22%	48.21%
按地区	境内	458.07亿	72.13%	-	-	-	-
	境外	176.97亿	27.87%	-	-	-	-

图 6-8　海康威视的产品及收入构成（2020 年度）

从图中可以看出，海康威视的整个收入以视频产品及视频服务为主，占到整个收入的100%。也就是说，该公司的所有产品都是围绕安防视频展开的，包括前端产品、中心控制产品、后端产品以及其他业务等。观察该公司的毛利率水平可以发现，该公司整体毛利率水平达到了46.53%，国内市场和国外市场的毛利率趋于一致。这说明该公司产品在国际上仍具有较强的竞争能力，否则也不会有这么高的毛利率。

观察该公司的地区销售额占比可以发现，外销占比为27.87%，一方面说明该公司深度参与了国际协作，另一方面也说明该公司的业绩可能会受到国际贸易纠纷和汇率波动的影响。在中美贸易战中，海康威视也一度受到波及。

2. 海康威视财务数据说明

先来看一下海康威视之前几年的财务与收益数据情况，如表6-3所示。

表6-3　海康威视财务数据

时间	2020年	2019年	2018年	2017年	2016年
每股收益（元）	1.45	1.34	1.24	1.03	1.23
净利润增长率	7.82%	9.36%	20.64%	26.77%	26.49%
营业总收入（亿元）	635.03	576.58	498.37	419.05	319.35
每股净资产（元）	5.76	4.81	4.07	3.29	3.98
净资产收益率	27.72%	30.53%	33.99%	34.96%	34.56%

从海康威视的财务数据情况来看，大家可以获得这样3个事实。

第一，从海康威视历年的净利润增长数据可以看出，该公司之前几年的净利增速比较稳定，多年保持在20%以上。但在最近两年出现了回落，这与国际形势的变化有一定的关系，也与企业营收规模过大有关。

第二，从海康威视的营收来看，2020年该企业的营收达到了635.03亿元，近年来增速开始减弱，这与该公司所处的行业有关。国内安防行业经过多年的发展，目前已经进入了成熟期，企业再扩展营收势必变得非常困难。当然，大家前面已经看到，海康威视还有相当大一部分国外市场，这有可能成为其新的营收增长点。

第三，从该股的净资产收益率水平来看，该股净资产收益率一直都比较高，2020年有所回落，但仍达到了27%以上，这已经是非常难得的了，尤其是考虑该企业的营收和净利已经达到了相当的规模之后。

3. 海康威视整体分析

从海康威视的财务报表中还可以看到，截至2020年年底，该公司手中的现金余额为350亿元左右。对于一家营收规模达到630多亿元的企业而言，这种现金余量非常充沛。截至2020年年底，该公司应收账款达到了232亿元。近年来，随着营收的增加，应收账款也同步走高，这是一个值得警惕的现象。2020年的预收账款（合同负债）为21.61亿元，这说明该公司对下游企业的控制能力非常不错。

截至2020年，该公司的存货价值为114.78亿元，属于较高水平，这与最近两年的国际形势变化有关。查看该公司2020年的研发费用可知，该公司的年度研发费用为63.79亿元左右，研发投入规模非常大，这在一定程度上可以保证企业未来若干年的竞争力。

总体上来说，该公司的资产质量较佳，属于较佳的投资标的。

该公司在市场上被很多投资机构推崇，还有以下3个原因。

第一，公司的产品竞争力极强，国内市场占有率第一，且在国外同类产品中也具有较强的竞争力，市场普遍看好其国际市场的扩张能力。

第二，尽管安防视频产品的行业天花板临近，但由于人工智能、物联网、5G通信的发展，安防视频还有巨大的升级换代需求，这都给了海康威视较大的想象空间。

第三，连年巨额的研发投入，也会为未来重新进入高速增长通道提供支持。

4. 海康威视估值分析

以2020年年底的每股收益1.45元为基准，并以10%的净利润增长率计算，2021年的每股收益为1.60元。考虑该企业为行业龙头，赋予其30倍市盈率的估值，则其所对应的股价为48元。若该股净利润增速为10%，那么

30 倍市盈率对应的 PEG 值为 3，这是一个偏高的水平，但相信海康威视有望在几年内重新回到业绩快速增长的轨道上来。

下面来看一下海康威视的日 K 线走势图。

如图 6-9 所示，从 2020 年下半年开始，随着大盘的振荡上升，海康威视的股价出现了振荡上扬态势。该股股价在 2021 年 1 月下旬触及 69.68 元的高位后开始振荡下行，2021 年 6 月，该股股价徘徊于 60 元附近。

通过之前对海康威视股价的估值分析可知，该股股价的合理价格应该在 48 元左右。也就是说，截至 2021 年 6 月，海康威视的股价位于估值上方较远。出于投资安全考虑，最好在该股股价回调一定幅度后再分批建仓。

图 6-9　海康威视（002415）日 K 线走势图

四、印制电路板领域核心资产——深南电路

深南电路是国内印刷电路领域的龙头股票，目前，华为是该公司的第一大客户。深南电路股份有限公司的主营业务是印制电路板的研发、生产及销售。公司主要产品有背板、高速多层板、多功能金属基板、厚铜板、高频微波板、刚挠结合板、存储芯片封装基板（eMMC）、微机电系统封装基板（MEMS）、射频模块封装基板（RF）、WB-CSP、FC-CSP、高速通信封装基板、PCBA 板级、功能性模块、整机产品／系统总装。

1. 基本产品线与盈利构成

深南电路作为印制电路板领域内的龙头企业，其收入主要来自印制电路板、封装基板、电子装联3项主营业务。下面来看一下深南电路的产品销售与利润占比情况，如图6-10所示。

	业务名称	营业收入(元)	收入比例	营业成本(元)	成本比例	利润比例	毛利率
按行业	电子电路	112.34亿	96.84%	82.12亿	96.28%	98.39%	26.89%
	其他业务收入	3.67亿	3.16%	3.17亿	3.72%	1.61%	13.50%
按产品	印制电路板	83.11亿	71.64%	59.49亿	69.74%	76.91%	28.42%
	封装基板	15.44亿	13.31%	11.11亿	13.03%	14.11%	28.05%
	电子装联	11.60亿	10.00%	9.90亿	11.61%	5.52%	14.61%
	其他业务收入	3.67亿	3.16%	3.17亿	3.72%	1.61%	13.50%
	其他产品	2.19亿	1.89%	1.62亿	1.90%	1.85%	25.95%
按地区	境内销售	81.34亿	70.12%	58.39亿	68.45%	74.73%	28.21%
	境外销售	31.00亿	26.72%	23.73亿	27.83%	23.66%	23.44%
	其他业务收入	3.67亿	3.16%	3.17亿	3.72%	1.61%	13.50%

图6-10　深南电路的产品及收入构成（2020年度）

从图中可以看出，深南电路的整个收入以印制电路板为主，占到整个收入的71.64%。封装基板、电子装联也占到了总收入的10%或以上。观察该公司的毛利率水平可知，印刷电路板的毛利率最高，达到了28.42%，封装基板的毛利率为28.05%。相对于整个电子元器件领域，该公司的毛利率水平还是具有一定优势的。

观察该公司的地区销售额占比可以发现，外销占比为26.72%。相比前些年，外销占比相对减少，这与国内需求大幅增加有关。从未来的发展趋势来看，随着国内相关产业的发展，深南电路的国内市场仍有进一步放大的可能。

2. 深南电路财务数据说明

先来看一下深南电路之前几年的财务与收益数据情况，如表6-4所示。

从深南电路的财务数据情况来看，大家可以获得这样3个事实。

第一，从深南电路历年的净利润增长数据可以看出，最近3年，该公司的营收净利开始进入快速上升期，这与通信行业快速发展密切相关。2020年

表6-4 深南电路财务数据

时间	2020年	2019年	2018年	2017年	2016年
每股收益（元）	3	2.62	2.49	2.13	1.31
净利润增长率	16.01%	76.80%	55.61%	63.44%	69.56%
营业总收入（亿元）	116	105.24	76.02	56.87	45.99
每股净资产（元）	15.21	14.14	13.29	11.31	7.52
净资产收益率	23.86%	29.11%	20.38%	25.61%	18.48%

注：2017年、2018年该股都有分红、配股情况。

因受疫情的影响，增速有所回落，但整体上仍保持了较快的增长。

第二，从深南电路的营收来看，该企业的营收始终保持较快的增速，即使2020年也保持了较快的增长势头。

第三，从该股的净资产收益率水平来看，该股的净资产收益率一直都比较高，最近两年都维持在20%以上，这说明该企业是一个较佳的投资标的。

3. 深南电路整体分析

从深南电路的财务报表中还可以看到，截至2020年年底，该公司手中的现金余额为5.04亿元左右。对于一家营收116亿元的企业而言，这种现金余量并不足，未来存在一定的融资需求。

截至2020年年底，该公司的应收账款（含应收票据）达到了22.75亿元，预收账款（合同负债）不到1亿元，这说明该公司对下游企业的控制能力还不够强，存在一定的财务风险。截至2020年，该公司的存货为22.06亿元，也属于较高的水平。查看该公司2020年的研发费用可知，该公司的年度研发费用为6.45亿元，研发投入水平尚可。

总体上来说，该公司的资产质量一般，并不算是特别优秀。

该公司被市场上很多投资机构推崇，主要源于以下3点。

第一，公司的最终控股股东为国资委，属于正宗的"国家队"。

第二，公司的客户资源较佳，与国内领先的通信供应商具有良好的合作关系，保证了企业未来的营收稳定。

第三，已经抢占了"5G+封装基板"优质赛道，随着5G时代的来临，公司业绩必然随之爆发。

4. 深南电路估值分析

以2020年年底的每股收益3元为基准，并以20%的净利润增长率计算，2021年的每股收益为3.60元。若以40倍左右的市盈率计算，该股2021年的合理估值应该在144元左右。若该股的净利润增速能够达到20%，那么该股40倍市盈率所对应的PEG值仅为2，这也是一个比较合理的水平。

下面来看一下深南电路的日K线走势图。

如图6-11所示，深南电路的股价自2019年上半年随着大盘的反弹出现了一波上攻走势。2020年7月9日，该股股价一度达到197.05元的位置。此后，该股股价出现了振荡调整走势，到2021年7月上旬，该股股价运行于100元附近。通过之前对深南电路股价的估值分析可知，该股股价的合理价格应该在144元左右，这说明该股股价目前处于估值下方，投资者可考虑在股价回调时建仓。

图6-11　深南电路（002916）日K线走势图

第七章

医药板块核心资产

在整个股票市场上，医药板块是除了消费品板块外盛产核心资产股票最多的一个板块。无论过去还是未来，医药板块都是一个拥有极大增长潜力和上升空间的行业。恒瑞医药、片仔癀、云南白药等经典股票，全部来自医药板块。

第一节　医药板块核心资产选择逻辑

作为一个朝阳产业，医药健康行业未来面临前所未有的发展机遇，这种历史性的发展机遇与以下 3 个方面的因素密不可分。

一、老龄化趋势

联合国规定，凡 65 岁以上老年人口占总人口的比例达 7% 以上，或 60 岁以上老年人口在总人口中的比重超过 10% 的，属老年型国家或地区。我国从 2000 年已经进入老龄化社会。

2021 年全国第七次人口普查数据显示：我国人口已经有 14.1 亿人，其中 60 岁及以上的老龄人口超过 2.64 亿人，占比 18.7%。同时，与第六次人口普查数据相比，人口老龄化有逐渐提速的趋势。由此可见，我国已经进入了深度老龄化社会。

按照当前的医疗卫生支出计算，老龄人口的医疗卫生支出平均为年轻人的 3 倍（65 岁以上老年人口的年人均医疗卫生支出大约在 1 000 元以上）。

随着老龄人口的大幅增长，医疗卫生支出也会出现大幅增长，其中最主要的原因包括以下3个方面。

第一，随着人口年龄的增长，自身免疫系统会逐渐下降，生理机能开始退化，老年痴呆、心脑血管疾病以及类风湿性疾病都是老年人的常见病。

第二，老年人口自身角色的改变以及社会角色的改变，极易引起抑郁、孤独、焦虑等不良心理和情绪。同时，由于少子化倾向，老年人口缺乏沟通和交流，使得老年人口的心理疾病也呈现出增长态势。

第三，随着传统家庭观念的淡化，家庭养老功能明显弱化，需要越来越多的社会化养老机构介入养老产业。

二、慢性病蔓延

慢性病是一类起病隐匿，病程很长，且重复就诊率很高的疾病。很多慢性病起病初期不容易被发现，到了中后期想要根治又非常困难，这些慢性病已经成了因病致死率最高的疾病。据有关部门统计：近年来，脑血管病等慢性病导致的死亡人数已持续占到全国总死亡人数的80%以上。慢性病发病原因60%与个人生活方式相关，同时遗传、气候、社会等多种因素也影响其发病率。

在众多慢性病中，脑血管病、糖尿病、高血压、呼吸系统疾病等慢性疾病成为我国城乡死亡率最高的几种老年疾病。这就意味着慢性病的防治将成为医疗卫生领域的一个重大的挑战，同时也为医药健康企业提供了一个较大的发展机会。

三、健康与保健意识提升

随着人们生活水平的不断提升，大家对健康的认识也逐渐发生改变，逐渐从以前的"没有病即是健康"，逐渐向健康的真正本义靠拢，即心理上、生理上和社会等方面都处于良好的状态。这就使得人们日益从有病开始治病的态度，向无病也要防病，也要更加健康的态度转变。越来越多的人愿意在提升健康水平和身体保健上支付更高的费用，这也促进了相关医疗机构的快速发展。例如，近些年来，医疗美容产业规模不断扩张。据相关机构统计：

2020 年，我国生活美容行业市场规模约达 6 373 亿元，从业人数近 3 000 万人。我国整形美容业以每年 20% 的发展速度递增，整形美容手术以每年超过 20% 的速度增长。近 20 年来，我国医疗美容行业已涵盖医疗整形、医疗美容、注射美容等领域，形成了一个庞大的综合产业链。2020 年，我国医疗美容行业市场规模达 3 150 亿元。

在 A 股市场上，最典型的从属于医疗美容行业的企业就是爱尔眼科。作为市场上唯一一家眼科医疗机构，爱尔眼科自 2009 年上市后，股价持续振荡上扬，股价在 10 年的时间内翻了数十倍。

如图 7-1 所示，爱尔眼科的股价自 2012 年 12 月 4 日的最低点 1.54 元（复权后价格）开始上涨，在 8 年半的时间里，上涨至 2021 年 7 月 1 日的 72.27 元，由此可见市场资金对该股的追捧程度。其实，这也代表了市场资金对眼科医疗以及医疗美容产业的整体态度，即该行业未来仍有十分广阔的发展空间。

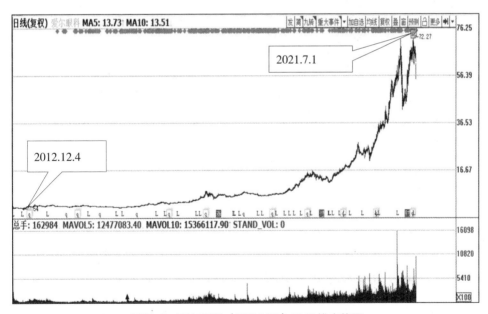

图 7-1　爱尔眼科（300015）日 K 线走势图

通过上面的分析可以清晰地看出，我国的医药健康产业具有非常广阔的发展空间。同时，与我国巨大的市场空间相比，医药健康企业的发展水平落后发达国家很多。截至 2018 年年底，全球最大的医药企业美国瑞辉公司的年度销售收入 453.55 亿美元，瑞士最大的医药企业诺华的销售收入为 418.75 亿美元，法国最大的医药企业赛诺菲的销售收入为 343.97 亿美元，日本最大的医药企业武田的销售收入为 142.62 亿美元，而我国最大的医药企业恒瑞医药的销售收入仅为 174.18 亿元人民币。也就是说，相比发达国家的医药企业，我国的医药企业规模还很小，还有很大的发展空间。未来数年内，医药市场上也可能会涌现出一批与国际制药巨头相匹敌的医药企业。

第二节 医药板块细分领域

医药健康行业涉及的细分领域比较多，概括起来包括但不限于以下 7 个类别，如图 7-2 所示。

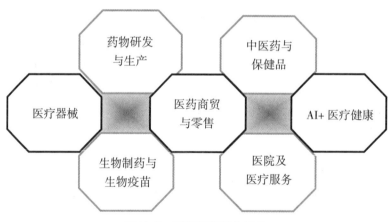

图 7-2 医药健康行业细分

一、药物研发与生产

药物研发与生产是一个相对比较宽泛的概念。美国食品药品监督管理局（FDA）将药品划分成两大类，即原研药与仿制药。目前，即使在美国药品市场上，仿制药也占据 80% 左右的份额，而我国药品市场上销售的药物中，仿制药占比更是高达 98% 以上。

单从字面上就可以大致对这 2 种基本药物做一区分。

1. 原研药

原研药是指原创研究的新药，也就是专利药。通常情况下，原研药的研发周期非常长，一般需要 15 年左右的研发周期，而且投资巨大，还伴随着很大的研发失败的风险。正因如此，原研药一般都是由大型制药巨头投资开发完成的。当然，也有一些规模较小的制药厂研发成功了某一具有突破性药品，但最后很可能这家制药厂连同专利都被大型制药巨头收购了。长期下来，大家就会看到，大多数具有突破性的新药都是由国际著名的制药巨头研发成功的。一款新药上市之后，会有一段时间的专利保护期（美国的新药专利保护期一般不超过 14 年。我国没有特殊的药品专利保护期，只有普通的发明专利保护期 20 年）。这些制药巨头为了在专利保护期内尽可能多地收回新药研发成本，获得利润，就会将新药的价格设定在较高的水平。

2. 仿制药

仿制药是在原研药过了专利保护期后，被其他企业按照原研药的成分及构成仿制出来的药品。相比原研药，仿制药的研发周期短、投资少，而且不容易失败。目前，国内制药企业大多数从事的都是仿制药的研发与生产。

通常情况下，仿制药在疗效方面与原研药接近，但价格要低很多，这也使得仿制药在国内拥有非常广阔的市场。国内主要制药巨头恒瑞医药和复星医药，就是典型的仿制药生产厂商。

在医药研发与生产领域，除了从事原研药和仿制药研发的企业外，还有一类专门从事 CRO（医药研发服务）业务的企业，这类企业可以承接一些原研药企业在研发与临床试验方面的业务。目前，A 股市场上比较典型的 CRO 企业就是药明康德，后面将会详细分析这家公司。

二、中医药与保健品

相对于西药来说，中医药是一个特殊的存在。一方面老字号中医药生产企业在国内享有很高的声誉，另一方面，由于无法满足美国和欧盟等国家和地区对药品检测的规定，中医药无法打开国际市场。目前，每年出口的中药主要以中药提取物为主，而非大家所说的传统中药。

近年来，中药工业的总产值呈现出大幅上升的态势，特别是 2018 年国家卫生部门取消了中药临床试验环节，这一举措为中医药的发展减少了阻力，在一定程度上促进了中医药的繁荣。但是，由于没有临床试验数据，中医药进入国际市场就变得愈发困难。

保健品介于药品与食品之间的领域。由于我国历来有"药补不如食补"一说，使得保健品受到很多消费者的追捧，特别是受到中老年人的青睐。东阿阿胶、汤臣倍健等公司的市值都比较高，就从侧面反映了市场对保健品领域的认可。

三、生物制药与生物疫苗

生物药物是指运用微生物学、生物学、医学、生物化学等的研究成果，从生物体、生物组织、细胞、器官、体液等，综合利用微生物学、化学、生物化学、生物技术、药学等科学原理和方法制造的一类用于预防、治疗和诊断的制品。大家日常生活中最常见的一种生物制剂就是疫苗。另外，牛结晶胰岛素、人工合成白蛋白等，都属于典型的生物制药。

目前，生物制药涵盖的领域包括基因工程、细胞工程（免疫疗法）、酶工程、发酵工程以及蛋白质、核酸、糖类、脂类等生物药物。不过，相对而言，酶工程、发酵工程的技术难度较小，目前国内很多生物制药公司多集中于这 2 类技术，如生产维生素和抗生素都属于酶工程技术。尽管这类企业属于生物制药公司，但技术含量相对较低。

从某种意义上来说，生物制药代表了未来制药发展的方向，也是具有最广阔未来的一个行业。

四、医疗器械

相比医药行业，医疗器械行业是一个拥有更广阔创新空间的行业。医疗器械行业的创新难度要小于医药行业，而且进入门槛相对较低，这也使得国内的医疗器械企业很多，从生产小型日常使用的医疗器械到心脏支架、医学影像设备等，应有尽有。同时，国家政策环境也有利于该行业的快速发展。

医疗器械行业可以细分为体外诊断器械、医学影像设备、高值医用耗材以及康复设备等。

五、医药商贸与零售

在整个医药健康产业中，医药商贸与零售也是一个非常关键的环节。医药商贸与零售企业直接对接终端的医生与患者，承担着主要的物流配送职能。医药商贸企业包括全国性连锁分销企业，如国药集团、华润医药、上海医药等，也包括一些地区性分销企业，如广州医药、南京医药等。

随着互联网的普及，越来越多的医药分销企业开始涉足电子商务。未来，医药电商有可能重塑整个医药商贸与零售的格局。

六、医院及医疗服务

目前，医院及医疗服务行业涵盖了普通的综合性医院、专科医院、专业育婴机构（如月子中心等）以及医疗美容服务机构等。其中，数量众多的公立医院属于公益性医疗机构，短期内可能很少有上市融资需求。一些民营综合性医院，特别是专科医院，未来会走向上市融资之路。在众多专科医院中，牙科医院、眼科医院属于比较特殊的 2 种，也是未来发展潜力最大的 2 类。

七、AI+ 医疗健康

人工智能（AI）+ 医疗健康是医疗健康领域与信息通信技术融合形成的创新型产物。人口老龄化、医疗资源配置结构性失衡、人工智能技术的快速发展等因素，都为 AI+ 医疗健康领域的发展提供了新的契机。

AI+ 医疗健康能够涵盖整个医疗诊前、诊中、诊后的各个环节。具体说来，包括这样 3 个方面。

第一，诊前，包括疾病预防与健康管理、基因测序等。

第二，诊中，包括医学影像辅助诊断、临床辅助决策以及医用机器人等。

第三，诊后，包括康复辅助等。

第三节　医药板块核心资产投资标的

医药板块的核心资产股票较多，本节仅列举 5 只供读者参考。

一、医药板块核心资产——恒瑞医药

目前，在国内制药市场上，能够称得上医药巨头的企业，恐怕只有恒瑞医药了。恒瑞医药的产品体系非常完整，而且手中通过一致性评价和申请一致性评价的仿制药品种非常多。同时，2020 年的研发费用接近 50 亿元，已经将国内其他竞争对手远远地甩在了身后。

目前，恒瑞医药在研产品管线非常多，其中 1.1 类新药 3 个，3 类仿制药 15 个，生物类似物 5 个，涉及领域包括抗肿瘤、糖尿病、抗凝血、抗感染等多个类别。也就是说，这些新药全部上市销售后，恒瑞医药的营收和利润还将进一步放大。

重点新药迈华替尼已开展临床试验，主要用于非小细胞肺癌的治疗；百令胶囊为国家中药类新药，是公司独家品种，已获得生产批件；获得美国 V Ⅰ Therapeutics LLO 就其研发的用于治疗 Ⅱ 型糖尿病的全球首创药物 TP273 在中国、韩国等 16 个国家和地区的知识产权和商业化权利的独家许可；其他在研品种包括治疗 Ⅱ 型糖尿病的卡格列净及片、曲格列汀及片，治疗白血病的伊马替尼片等。（资料来源：同花顺软件平台）

1. 基本产品线与盈利构成

恒瑞医药作为仿制药的领军企业，其收入主要来自各类仿制药和创新药。下面来看一下恒瑞医药的产品销售与利润占比情况，如图 7-3 所示。

从图中可以看出，恒瑞医药的整个收入非常简单、清晰，都是围绕医药研发展开的，其中抗肿瘤药物的占比较高，约占收入的 55.05% 左右，且此类药物的毛利率达到了 93.35%，可见该公司的盈利能力之强；麻醉产品的营收占比为 16.55%，毛利率高达 90% 以上。由此可见，该公司产品的毛利

	业务名称	营业收入(元)	收入比例	营业成本(元)	成本比例	利润比例	毛利率
按行业	医药制造业	276.13亿	99.56%	33.48亿	99.97%	99.50%	87.88%
	其他业务	1.22亿	0.44%	103.69万	0.03%	0.50%	99.15%
按产品	抗肿瘤	152.68亿	55.05%	10.16亿	30.33%	58.45%	93.35%
	麻醉	45.91亿	16.55%	4.43亿	13.24%	17.01%	90.34%
	其他	41.23亿	14.87%	8.87亿	26.49%	13.27%	78.49%
	造影剂	36.30亿	13.09%	10.02亿	29.91%	10.78%	72.41%
	其他业务	1.22亿	0.44%	103.69万	0.03%	0.50%	99.15%
按地区	国内	268.55亿	96.83%	30.90亿	92.29%	97.45%	88.49%
	国外	7.58亿	2.73%	2.57亿	7.68%	2.05%	66.05%
	其他业务	1.22亿	0.44%	103.69万	0.03%	0.50%	99.15%

图 7-3　恒瑞医药的产品及收入构成（2020 年度）

率都较高，这说明该公司的整体盈利能力很强，未来发展空间也非常大。

从总体上来看，该公司整个医药制造业的毛利率高达 87.88%，并贡献了 99.50% 的利润。从中可以看出该股在市场上具备极强的竞争力。

从销售地区上来看，该公司的营收超过 96% 来自国内，即国内仍是该公司最为核心的销售地区。

2. 恒瑞医药财务数据说明

先来看一下恒瑞医药之前几年的财务与收益数据情况，如表 7-1 所示。

表 7-1　恒瑞医药财务数据

时间	2020 年	2019 年	2018 年	2017 年	2016 年
每股收益（元）	1.19	1	0.92	0.87	0.92
净利润增长率	18.78%	31.05%	26.39%	24.25%	19.22%
营业总收入（亿元）	277.35	232.89	174.18	138.36	110.94
每股净资产（元）	5.72	5.6	5.35	5.43	5.28
净资产收益率	22.51%	24.02%	23.6%	23.28%	23.24%

注：该股历年均有配股、增股情况。

从恒瑞医药的财务数据情况来看，大家可以获得这样 4 个事实。

第一，恒瑞医药在过去几年内一直保持了较快的增长态势，且长期保持 20% 以上的增速，只是 2020 年因疫情的影响出现增速放缓的情况，未来有望恢复快速增长。

第二，近几年来，恒瑞医药开启了国际化路线，先后在美国、日本等国申请专利和商业化。这说明近几年还属于恒瑞医药的整固期，未来几年该股的营收和净利润可能会迎来快速增长期。

第三，从该公司的总营收来看，截至 2020 年，该公司总营收仅为 277.35 亿元。这在医药板块并不是很高的水平，未来还有很大的成长空间。

第四，从该股的净资产收益率水平来看，该股的净资产收益率一直维持在 20% 以上，这属于较佳的收益水平。

3. 恒瑞医药整体分析

从恒瑞医药的研发投入情况可以看出，2020 年度的研发费用接近 50 亿元，占营业收入的比例超过 15%，这在我国医药研发企业中是一个相当高的水平，这也保证了该企业未来数年的竞争能力。

从恒瑞医药的财务报表中还可以看到，截至 2020 年年底，该公司手中的现金余额为 104 亿元左右。对于一家营收不足 300 亿元的企业而言，这种现金余量还是非常充足的。

截至 2020 年年底，该公司的应收账款将近 50.74 亿元左右，存货为 17.78 亿元左右，相对于该股的营收来说，还在可接受范围。特别是考虑行业的特殊性，该企业必须要有较多的存货。预收账款（合同负债）为 3.58 亿元左右，这说明该公司对下游企业控制能力一般。

截至 2020 年，该公司手中除了握有 100 多亿元的现金外，还有 56 亿元的交易性金融资产，这说明该股的流动性极佳。与此同时，该股的财报中没有任何商誉资产，也就不存在商誉爆雷的问题。

总体上来说，该股的投资价值极高，正因如此，很多基金和机构都将其列为核心投资标的。

4. 恒瑞医药估值分析

若以 2020 年年底的每股收益 1.19 元为基准，并以 20% 的净利润增长率计算，2021 年的每股收益为 1.43 元。以医药行业 30 倍左右的市盈率计算，该股 2021 年的合理估值应该在 42.90 元左右。按照 50 倍市盈率的乐观估计，估值应该在 71.50 元左右的位置。

下面来看一下恒瑞医药的股价走势情况。

如图 7-4 所示，2021 年之前，恒瑞医药的股价一直呈现出振荡上扬态势。尽管偶尔也会随着大盘的调整或医药股的下跌而回调，但总体上保持了振荡上扬的态势，由此可见，该股已被市场上的投资者普遍认可。

2021 年 1 月 8 日，恒瑞医药的股价一度触及 97.23 元的高点。随后，该股股价出现了振荡回落。2021 年 7 月上旬，该股股价维持在 60 元附近。

从前面的分析可知，该股股价合理价位应该在 42.90 元～71.50 元之间，也就是说，该股股价目前运行于合理估值区间，投资者可在股价回调时入场建仓。

图 7-4　恒瑞医药（600276）日 K 线走势图

二、CRO 领域核心资产——药明康德

尽管国内 CRO 市场容量在国际上占比仍远落后于欧美国家，但国内 CRO 企业的发展速度还是很快的，其中药明康德绝对是国内 CRO 领域的领

军者。目前，药明康德的市场占有率已经进入世界前 10 强，并拥有了非常完整的 CRO 产业链。

药明康德成立于 2000 年 12 月，是全球公认的具备新药研发实力的一体化医药研发服务能力与技术平台。药明康德能够为客户提供小分子化学药的发现、研发等一系列临床前各阶段的 CRO 服务及相关配套支持，进而为客户提供原料药 / 临床候选药物的生产工艺改进、实验室小试 / 中试、商业化生产等 CMO/CDMO 业务。药明康德拥有全面的业务覆盖领域，包括临床前的药点靶向认证、药物发现、化学实验、生物实验、药物安全评价，临床阶段的Ⅰ～Ⅳ期临床、中心试验室以及临床药物生产，生产阶段的安全监测和商业化生产。

药明康德的核心客户包括强生、默沙、葛兰、瑞辉、罗氏等国际制药巨头，同时在美国和中国均设有实验室和临床试验 CRO 公司。

深厚的科技研发实力，强大的客户资源，完整的产业链，保证了药明康德继续在 CRO 领域突飞猛进，并且随着世界 CRO 市场向中国转移，药明康德的市场占有率很有可能会进一步提升，其业绩也将进一步提升。

1. 基本产品线与盈利构成

药明康德作为 CRO 服务的领军企业，其收入主要来自各类 CRO 业务和实验室业务。下面来看一下药明康德的产品销售与利润占比情况，如图 7-5 所示。

	业务名称	营业收入(元)	收入比例	营业成本(元)	成本比例	利润比例	毛利率
按行业	中国区实验室服务	85.46亿	51.68%	49.51亿	48.29%	57.22%	42.06%
	小分子新药工艺研发及生产业务	52.82亿	31.94%	31.05亿	30.28%	34.65%	41.22%
	美国区实验室服务	15.17亿	9.17%	11.88亿	11.59%	5.23%	21.67%
	临床研究及其他CRO服务	11.69亿	7.07%	9.98亿	9.74%	2.71%	14.59%
	其他业务	2210.48万	0.13%	1058.83万	0.10%	0.18%	52.10%
按产品	中国区实验室服务	85.46亿	51.68%	49.51亿	48.29%	57.22%	42.06%
	小分子新药工艺研发及生产业务	52.82亿	31.94%	31.05亿	30.28%	34.65%	41.22%
	美国区实验室服务	15.17亿	9.17%	11.88亿	11.59%	5.23%	21.67%
	临床研究及其他CRO服务	11.69亿	7.07%	9.98亿	9.74%	2.71%	14.59%
	其他业务	2210.48万	0.13%	1058.83万	0.10%	0.18%	52.10%
按地区	境外	123.90亿	74.93%	76.43亿	74.55%	75.56%	38.31%
	境内	41.23亿	24.94%	25.99亿	25.35%	24.26%	36.96%
	其他业务	2210.48万	0.13%	1058.83万	0.10%	0.18%	52.10%

图 7-5　药明康德的产品及收入构成（2020 年度）

从图中可以看出，药明康德的整个收入都是围绕 CRO 业务展开的，其中实验室服务占比较高，小分子新药工艺研发及生产业务的占比和毛利率也都比较高。与其他医药企业不同，药明康德的收入主要来自美国，中国国内收入占比仅为 24.94%，这说明该公司的收入比较均衡。

2. 药明康德财务数据说明

先来看一下药明康德之前几年的财务与收益数据情况，如表 7-2 所示。

表 7-2　药明康德财务数据

时间	2020 年	2019 年	2018 年	2017 年	2016 年
每股收益（元）	1.27	0.81	2.23	1.31	1.08
净利润增长率	59.62%	−17.96%	84.22%	25.86%	179.39%
营业总收入（亿元）	165.35	128.72	96.14	77.56	61.16
每股净资产（元）	13.31	10.49	17.45	6.76	5.94
净资产收益率	12.91%	10.51%	23.98%	21.14%	29.1%

注：2018 年具有配股、增股情况。

从药明康德的财务数据情况来看，大家可以获得这样 4 个事实。

第一，药明康德在过去几年内一直保持了较快速的增长态势，除了 2019 年。2019 年因投资的标的企业股价下跌，致使投资收益出现下降，进而连累收益下降，这并非一个常态。

第二，近几年来，药明康德的业务覆盖了较全面的产业链。美国区实验室业务和中国区实验室业务、小分子新药研发业务以及 CRO 业务，共同构成了药明康德核心的四大业务板块。从收入上来看，美国制药企业提供的合同，占到了药明康德总收入的一半以上，因此，汇率波动也会影响企业的利润情况。不过，大家选择一家企业更应该看重其可持续的盈利能力，而非某一季度或年度的效益情况。

第三，观察该股的总营收可知，最近几年该股营收一直呈快速增长态势。即使 2020 年受到了疫情的影响，但也保持了快速的增长。到 2020 年，该股的总营收刚刚达到 165.35 亿元，未来还有很大的成长空间。

第四，从净资产收益率来看，给人一种最近 2 年出现回落的感觉。这确实与最近 2 年净利下滑有关，不过随着疫情的缓解，该股净利势必会出现反弹，净资产收益率也会同步提升。

通过对药明康德业务以及财务情况的了解可知，该企业的未来发展前景应该还是不错的。随着国内 CRO 业务的快速发展，作为这一领域的龙头，理应取得不错的业绩。

3. 药明康德整体分析

通过该公司财务报表还可以看出，截至 2020 年，该企业手中的货币资金高达 102.28 亿元，相对于一家营收 165.35 亿元的企业而言，这种数量的现金属于较为丰厚的了。当然，这与该公司刚刚完成融资有一定的关系。2020 年，该股通过增发的方式完成了融资，这在减少财务费用的同时，也可能稀释企业的盈利能力，但从长远来看，还是有利于企业盈利能力提升的。

截至 2020 年年底，该公司的应收账款（含应收票据）为 36.67 亿元，存货为 26.86 亿元。这 2 项数据均创新高，这并不是一个非常好的迹象，投资者需要保持警惕。当期预收账款（合同负债）为 15.81 亿元，这说明该公司对下游企业拥有不错的控制能力。

截至 2020 年年底，该股的商誉资产为 13.92 亿元左右，投资者需要保持关注。2020 年该股的研发费用达到了 6.93 亿元，属于研发投入较高的企业。同时，该公司的资产负债率不到 30%，这也是一个比较良性的状态。总之，该公司的资产质量尚佳，属于较为良好的投资标的。

4. 药明康德估值分析

若以 2020 年年底的每股收益 1.27 元为基准，并以 50% 的净利润增长率计算，2021 年的每股收益为 1.91 元。以医药行业 50 倍左右的市盈率计算，该股 2021 年的合理估值应该在 95.50 元左右。

CRO 领域并非原研药行业，无法出具更高的估值倍数。当然，大家还要考虑在这个行业中可能存在赢家通吃的情况，药明康德作为 CRO 领域的龙头，有可能获得超额收益。

下面来看一下药明康德的股价走势情况。

如图 7-6 所示，2019 年年中，随着大盘的振荡，药明康德的股价出现了横向振荡走势。此后，尽管大盘出现了多次振荡，但该股仍旧保持了长线上升态势。到 2021 年 7 月初，该股股价更是创出了上市以来的最高价 168.81 元。

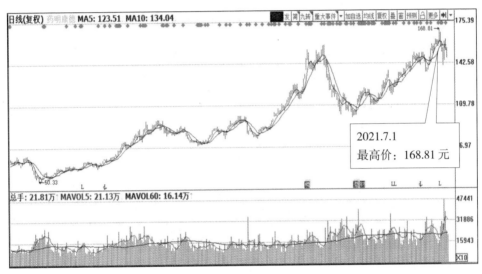

图 7-6　药明康德（603259）日 K 线走势图

从前面的分析可知，以 2021 年每股净收益为 1.91 元为基准，股价合理的范围应该在 95.50 元左右，但在 2021 年，该股实际股价已经远远超过了这个数值。这一方面说明市场资金对该股的追捧，另一方面也说明该股股价可能存在一定的高估，至少当前的价格并不便宜，投资者可以在股价出现回调时择机入场。

由于市场上真正的优质股票并不多，因而很多绩优股的股价都被推升至较高的位置。从价值投资的角度来看，这些股票的价格都不便宜，很难构成买入要件。但是，由于市场上的资金更愿意相信这些股票未来还会继续走高，因而纷纷买入并持有这些股票，使得其价格不断被推高，这就使得投资者很难以便宜的价格买入。基于这种情况，投资者可考虑少量分批建仓，若股价随着大盘下跌，则可加大买入仓位；反之，若股价持续上升，则少量买入，并择高点减仓。

三、中医药板块核心资产——片仔癀

片仔癀是一家拥有国家保密配方，同时拥有强大影响力的品牌。该公司的主要业务包含中成药制造、医药流通。其中，核心产品为片仔癀系列，其处方、工艺均被中国中医药管理局和国家保密局列为国家绝密配方，为中国中药一级保护品种。片仔癀系列药品被国家质量监督检验检疫总局认定为原产地标记保护产品，片仔癀连续多年居中国中成药单项产品出口创汇前列。

1. 基本产品线与盈利构成

片仔癀也在努力寻求通过多元化来提升企业的营收与利润，因此除了深耕药品领域外，还涉足化妆品、食品等领域。随着涉足的领域不断增加，企业的营收也在不断扩大。特别是最近几年，该股的营收、利润与股价出现了大幅上升走势。下面来看一下片仔癀的产品销售与利润占比情况，如图 7-7 所示。

	业务名称	营业收入(元)	收入比例	营业成本(元)	成本比例	利润比例	毛利率
按行业	医药流通业	28.44亿	43.68%	25.92亿	72.59%	8.57%	8.86%
	医药制造业	27.32亿	41.97%	6.11亿	17.12%	72.14%	77.63%
	日用品、化妆品	9.05亿	13.90%	3.57亿	10.01%	18.63%	60.53%
	其他业务	1827.72万	0.28%	112.40万	0.03%	0.58%	93.85%
	食品	1125.58万	0.17%	905.00万	0.25%	0.08%	19.60%
按产品	医药流通	28.44亿	43.68%	25.92亿	72.59%	8.57%	8.86%
	肝病用药	25.39亿	39.00%	4.58亿	12.84%	70.77%	81.95%
	日用品、化妆品	9.05亿	13.90%	3.57亿	10.01%	18.63%	60.53%
	其他	1.40亿	2.15%	1.10亿	3.08%	1.02%	21.38%
	感冒用药	2132.09万	0.33%	2114.14万	0.59%	0.0061%	0.84%
	呼吸系统用药	2065.71万	0.32%	1361.15万	0.38%	0.24%	34.11%
	其他业务	1827.72万	0.28%	112.40万	0.03%	0.58%	93.85%
	食品	1125.58万	0.17%	905.00万	0.25%	0.08%	19.60%
	骨伤科用药	363.81万	0.06%	342.06万	0.10%	0.0074%	5.98%
	心血管用药	294.18万	0.05%	245.26万	0.07%	0.02%	16.63%
	皮肤科用药	182.24万	0.03%	71.17万	0.02%	0.04%	60.95%
	肛肠科用药	176.86万	0.03%	75.37万	0.02%	0.03%	57.38%
	妇产科用药	109.75万	0.02%	78.58万	0.02%	0.01%	28.40%
	糖尿病用药	12.83万	0.0020%	21.44万	0.0060%	-0.0029%	-67.11%

图 7-7 片仔癀的产品及收入构成（2020 年度）

从图中可以看出，片仔癀整个产品线非常丰富，而且具有明显的从医药产品外延至食品、化妆品等行业的倾向。不过，化妆品和食品的销售额与医药产品相比还有很大的差距。该公司最核心的产品仍然是肝病用药，其利润占公司总利润的比例高达 70.77%，毛利率高达 81.95%。从这点上来看，片仔癀的获利能力还是有保障的。

从收入构成来看，医药流通的营收占比已经到了 43.68%，不过该项业务的毛利率相对较低，只有 8.86%。其他业务（包括日用品、化妆品等业务）的毛利率水平比较高。

从其收入来看，该公司很多传统业务以及延伸的其他业务方面拥有不错的竞争力，这也是该企业未来增长的保证。特别是其核心产品片仔癀，最近 2 年价格不断走高，但依然供不应求。

2. 片仔癀财务数据说明

先来看一下片仔癀之前几年的财务与收益数据情况，如表 7-3 所示。

表 7-3　片仔癀财务数据

时间	2020 年	2019 年	2018 年	2017 年	2016 年
每股收益（元）	2.77	2.28	1.89	1.34	0.89
净利润增长率	21.62%	20.25%	41.62%	50.53%	14.88%
营业总收入（亿元）	65.11	57.22	47.66	37.14	23.09
每股净资产（元）	13.03	10.99	8.31	6.86	5.79
净资产收益率	23.07%	23.64%	24.98%	21.16%	16.2%

从片仔癀的财务数据情况来看，大家可以获得这样 3 个事实。

第一，片仔癀在过去几年内的增长速度不断加快，不过最近 2 年增速有所放缓，但仍保持了 20% 以上的增速，这在中药领域已经是非常难得的了。

第二，观察该股的营收可知，截至 2020 年，该股总营收仅为 65.11 亿元，未来仍有很大的成长空间。近年来，该公司已经开始向外拓展其他领域，这对营收的增长肯定会有助力作用。

第三，从该企业的年报数据来看，该股净资产收益率仍能维持在 15% 以上，这是一个非常不错的数字，也说明该股盈利能力尚可。最近 4 年，该股的净资产收益率都超过了 20%，这是一个十分靓丽的数字。

综合来看，该股属于尚佳的投资标的，更何况片仔癀的品牌就拥有极高的价值。

3. 片仔癀整体分析

截至 2020 年年底，该股手中的现金余额为 24.12 亿元，相对于 65.11 亿元的营收来说，这种规模的现金余额还是非常不错的。截至 2020 年，该股的应收账款（含应收票据）为 5.50 亿元，预收账款（合同负债）将近 3 亿元，整体状况还是不错的。

查看片仔癀更为详细的财务报表可以发现，片仔癀在研发方面投入的资金较少，毕竟这是一家主要靠保密配方而非新产品研发获利的企业。

在片仔癀的财务数据中可以发现，该股的负债率比较低，仅有 19%，这说明该股的资产质量较佳。

该股的销售毛利率在 45% 左右，明显高于其他药企，这说明该股的获利能力较佳。

不过，片仔癀的产品线分布太广，很多业务的营收和利润很低，且与主业关联不大。这些业务一方面可能会增加企业的营收，或可成为未来的利润增长点，但另一方面也会分散企业的资源和精力，不利于强化核心业务。

4. 片仔癀估值分析

综合片仔癀财务数据可以看出，该股属于盈利能力较强的白马股。

若以 2020 年年底的每股收益 2.77 元为基准，并以 20% 的净利润增长率计算，2021 年的每股收益为 3.32 元。以医药行业 30 倍左右的市盈率计算，该股 2021 年的合理估值应该在 99.60 元左右。考虑其品牌影响力较强，可以适当放大其估值，将市盈率调整至 50 倍，则其股价估值为 166 元。

下面来看一下片仔癀的股价走势情况。

如图 7-8 所示，2020 年上半年，随着大盘的振荡，片仔癀的股价出现了振荡上升走势。期间，尽管大盘出现了几次调整，但由于片仔癀业绩增速较快，很受市场资金的青睐，因而股价一直处于振荡上升态势。2021 年 6 月 28 日，该股股价一度上升至 465.75 元的高点。

从前面的分析可知，以 2021 年每股净收益 3.32 元为基准，合理的股价范围应该在 99.60 元～166 元之间。此时该股股价已经远远地偏离了估值水平，这一方面反映出市场对其价值的认可，另一方面也说明股价存在一定的高估。投资者在投资该股票时，需要保持警惕。

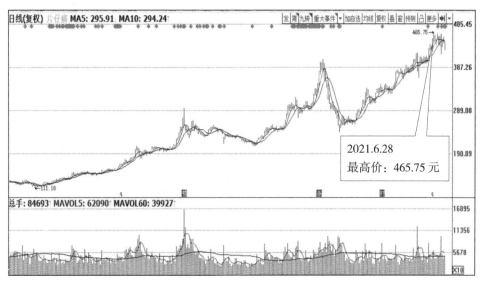

图 7-8 片仔癀（600436）日 K 线走势图

四、专科医院领域核心资产——爱尔眼科

爱尔眼科医院集团股份有限公司是一家眼科医疗机构，公司主要向患者提供各种眼科疾病的诊断、治疗及医学验光配镜等眼科医疗服务。该公司是我国规模最大的眼科医疗机构之一，也是国内发展速度最快的眼科医疗机构之一。

1.基本产品线与盈利构成

爱尔眼科的整个销售收入构成以医疗服务为主。下面来看一下爱尔眼科的产品销售与利润占比情况，如图 7-9 所示。

从图中可以看出，爱尔眼科整个产品线收入非常简单、清晰，几乎全部为眼科服务相关收入。同时，该公司的眼科医疗服务有高达 50.99% 的毛利率，由此可见这类专科医院的获利能力非常强。屈光项目、白内障项目和视光服务项目为其最主要的 3 个获利来源，视光项目和屈光项目都有高达 50% 以上的毛利率。

	业务名称	营业收入(元)	收入比例	营业成本(元)	成本比例	利润比例	毛利率
按行业	医疗行业	119.00亿	99.90%	58.32亿	99.96%	99.83%	50.99%
	其他业务	1234.09万	0.10%	207.20万	0.04%	0.17%	83.21%
按产品	屈光项目	43.49亿	36.51%	18.21亿	31.22%	41.58%	58.12%
	视光服务项目	24.54亿	20.60%	10.57亿	18.12%	22.98%	56.93%
	白内障项目	19.61亿	16.46%	12.15亿	20.83%	12.28%	38.05%
	眼前段项目	12.00亿	10.08%	6.59亿	11.30%	8.91%	45.09%
	其他项目	11.18亿	9.39%	5.51亿	9.45%	9.32%	50.69%
	眼后段项目	8.17亿	6.86%	5.28亿	9.05%	4.76%	35.40%
	其他业务收入	1234.09万	0.10%	207.20万	0.04%	0.17%	83.21%

图 7-9 爱尔眼科的产品与收入构成（2020 年度）

综合以上数据可以看出，爱尔眼科所做的是一个非常简单且容易获得高额收入的生意，因此是投资者一直以来努力寻找的理想投资标的。

2. 爱尔眼科财务数据说明

先来看一下爱尔眼科之前几年的财务与收益数据情况，如表 7-4 所示。

表 7-4 爱尔眼科财务数据

时间	2020 年	2019 年	2018 年	2017 年	2016 年
每股收益（元）	0.42	0.34	0.33	0.32	0.37
净利润增长率	25.01%	36.67%	35.88%	33.31%	30.12%
营业总收入（亿元）	119.12	99.90	80.09	59.63	40
每股净资产（元）	2.19	2.13	2.39	3.29	2.75
净资产收益率	21.48%	22.51%	18.55%	21.74%	21.84%

注：该股 2017 年、2018 年、2019 年、2020 年年报均有配股、送股情况。

通过分析表中的数据，大家可以得出以下 3 个结论。

第一，从每股收益及净利润增长率来看，该股的净利润增长率一直处于稳定且高速增长态势，常年保持在 30% 以上的水平。虽然 2020 年受疫情的影响有所下滑，但也保持了 25.01% 的增速。

第二，从营业总收入来看，该股 2020 年的年度总收入为 119.12 亿元。未来，随着企业规模的扩大以及市场的不断拓展，营业收入有望大幅提升。

第三，从净资产收益率来看，该股的净资产收益率大部分时间都在 20% 的水平，属于收益能力较强的股票。总之，对于投资者来说，这是一只比较理想的投资标的。

3. 爱尔眼科整体分析

截至 2020 年年底，爱尔眼科手中的现金余额为 30 亿元左右，与营业收入相比显得非常充裕，这与该股 2020 年刚刚完成增发融资有关。截至 2020 年，该股的应收账款（含应收票据）为 14.16 亿元，存货为 4.95 亿元，与其营收相比问题不大。

截至 2020 年年底，该公司的资产负债率在 30% 左右，属于可接受的理想水平。该公司的资产中，商誉价值高达 38.78 亿元左右，属于较高水平，这与该公司最近几年的收购扩张有关，投资者应该警惕商誉可能带来的隐患。

4. 爱尔眼科价值评估

综合爱尔眼科财务数据可以看出，该股属于业绩优良的成长股，未来增速有望继续走高，但也有自身的风险需要投资者关注和预防。若以 2020 年年底的每股收益 0.42 元为基准，并以 30% 的净利润增长率计算，2021 年的每股收益为 0.55 元。一般情况下，医药行业大家都按 50 倍左右的市盈率估值，则该股 2021 年的合理估值应该在 27.50 元左右。考虑该股的增长率较高，未来保持高速增长的可能性较大，可以考虑将合理估值放大到 70 倍，则其 2021 年年底的估值为 38.50 元。

下面来看一下爱尔眼科的股价走势情况。

如图 7-10 所示，2019 年之后，随着大盘的涨跌，爱尔眼科的股价出现了一波振荡上升走势。对照大盘走势就可以发现，尽管 2020 年—2021 年大盘走势并不稳定，该股却一直保持了振荡上升态势，牛股本色尽显。

该股股价在 2021 年 7 月初来到了 72.27 元的高位。鉴于之前对该股的分析，该股股价的合理范围应该在 27.50 元～38.50 元之间。这说明该股股价存在一定的高估，当然，这从另一方面也可以看出市场上投资者对该股价值的认可和接受。保守型投资者可在股价出现回调时择机分批建仓该股。

图 7-10　爱尔眼科（300015）日 K 线走势图

五、医学影像领域核心资产——迈瑞医疗

迈瑞医疗是整个医疗器械市场上营收规模最大的企业，主营业务涵盖了生命信息与支持（心脏检测仪、麻醉机）、体外诊断（血液细胞分析仪、生化分析仪）、医学影像（台式彩超）等。

作为国内最大的医疗器械生产厂商，在 33 个国家设立了 41 家子公司，覆盖国内 11 万家医疗机构和 90% 以上的三甲医院。同时，迈瑞医疗还是国内医疗健康行业中为数不多的研发费用超过 10 亿元（2018 年研发费用为 12.67 亿元），研发费用占比接近营收 10% 的企业。在研发投入方面，迈瑞医疗远远超过医疗器械行业内的其他竞争对手。正是源于对研发的不断投入，才使得迈瑞医疗保持了强大的竞争能力。

1. 基本产品线与盈利构成

通过迈瑞医疗的企业介绍可以了解到，该公司主要业务分为3类：其一，生命信息与支持系统的销售；其二，体外诊疗设备的销售；其三，医学影像设备销售。下面来看一下迈瑞医疗的产品销售与利润占比情况，如图7-11所示。

	业务名称	营业收入(元)	收入比例	营业成本(元)	成本比例	利润比例	毛利率
按行业	医疗器械行业	209.81亿	99.79%	73.50亿	99.78%	99.79%	64.97%
	其他业务	4489.21万	0.21%	1632.25万	0.22%	0.21%	63.64%
按产品	生命信息与支持类产品	100.06亿	47.59%	32.04亿	43.50%	49.80%	67.98%
	体外诊断类产品	66.46亿	31.61%	26.77亿	36.34%	29.06%	59.73%
	医学影像类产品	41.96亿	19.96%	14.19亿	19.26%	20.33%	66.18%
	其他类产品	1.33亿	0.63%	5009.06万	0.68%	0.60%	62.21%
	其他业务	4489.21万	0.21%	1632.25万	0.22%	0.21%	63.64%
按地区	境内	111.10亿	52.84%	-	-	-	-
	其他	28.59亿	13.60%	-	-	-	-
	欧洲	23.06亿	10.97%	-	-	-	-
	北美	16.76亿	7.97%	-	-	-	-
	亚太	15.48亿	7.36%	-	-	-	-
	拉丁美洲	15.28亿	7.27%	-	-	-	-

图7-11 迈瑞医疗的产品销售与利润构成比例（2020年度）

从图中可以看出，迈瑞医疗整个产品线盈利点比较均衡，基本形成了生命信息与支持类产品、体外诊断类产品和医学影像类产品三驾马车并行的态势。这3类产品最低的营收都超过了40亿元，这说明迈瑞医疗的营收规模较大并非靠某一单类产品的营收促成的，而是众多产品合力的结果。

从毛利率情况来看，该公司整个医疗器械领域的平均毛利率高达64.97%，这是一个相当高的数字，这也可以反映出该企业在市场上具有极强的竞争能力。

从销售地区上来看，境内销售占比仅为52.84%，也就是说，境外的销售额已经快占到一半了，这也是很高的数字，从中反映出该企业的产品在国际上具有较强的竞争力。

从整体上来看，该企业具有极强的竞争力，属于极佳的投资标的。

2. 迈瑞医疗财务数据说明

先来看一下迈瑞医疗之前几年的财务与收益数据情况，如表7-5所示。

表7-5　迈瑞医疗财务数据

时间	2020年	2019年	2018年	2017年	2016年
每股收益（元）	5.48	3.85	3.34	2.37	1.61
净利润增长率	42.24%	25.85%	43.65%	61.78%	75.9%
营业总收入（亿元）	210.26	165.56	52.28	13.43	90.32
每股净资产（元）	19.15	15.29	12.47	6.05	4.13
净资产收益率	32.29%	27.91%	42.16%	47%	28%

通过分析表中的数据，大家可以得出以下3个结论。

第一，从其每股盈利情况来看，过去几年该股都保持了较快的净利增速。即使2020年受到了疫情的影响，也保持了40.24%的增速，这是十分难得的。

第二，从该股的总营收来看，2020年该股营收突破了200亿元大关。要知道这家企业2019年营收刚刚超过100亿元，由此可见该股发展势头之猛。

第三，从该股的净资产收益率来看，该股净资产收益率一直保持了较高的水平，2020年来到了32.29%的高位，这是一个非常高的数字。

综合来看，该股属于成长性极佳的标的股，拥有广阔的成长空间。

3. 迈瑞医疗整体分析

通过该公司财务报表还可以看出，截至2020年，该企业手中的货币资金高达157.23亿元，相对于一家营收210.26亿元的企业而言，这种数量的现金属于较为丰厚的了。

截至2020年年底，该公司应收账款（含应收票据）为15.39亿元，存货为35.41亿元。这2项数据尚处于可控范围之内，只是存货创下了近年新高，这与该企业最近几年发展较为迅速有直接关系。当期预收账款（合同负债）为32.93亿元，这说明该公司对下游企业拥有不错的控制能力。

截至 2020 年年底，该股的商誉资产为 12.25 亿元左右，投资者需要保持关注。2020 年该股研发费用达到了 18.69 亿元，属于研发投入较高的企业。同时，该公司的资产负债率在 30% 左右，这也是一个比较良性的状态。总之，该公司的资产质量上佳，属于较为优良的投资标的。

4. 迈瑞医疗价值评估

综合迈瑞医疗财务数据可以看出，该股属于业绩优良的高成长股。若以 2020 年年底的每股收益 5.48 元为基准，并以 30% 的净利润增长率计算，2021 年的每股收益为 7.12 元。按医药行业 50 倍左右的市盈率估值，则该股 2021 年的合理估值应该在 356 元左右。

下面来看一下迈瑞医疗的股价走势情况。

如图 7-12 所示，尽管 2019 年以后大盘出现了一定的起伏，但迈瑞医疗的股价仍保持了振荡上升态势，这也说明了市场资金对该股的看好。由于该股属于典型的绩优股，且在医疗器械市场占有较高的份额，因而其成为各家基金公司的宠儿。

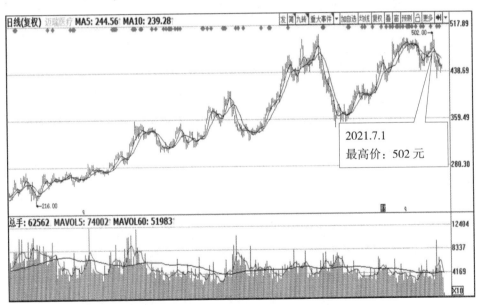

图 7-12　迈瑞医疗（300760）日 K 线走势图

    该股股价 2021 年 7 月初来到了 502 元的高点。前面曾经对该股的盈利进行过预测，并认为其至 2021 年年底的合理估值在 356 元左右，但该股股价在 2021 年 7 月 1 日就已经上涨至 502 元附近，这说明由于资金的过度追捧，股价存在高估倾向。一般情况下，偏向于价值投资的投资者不宜追涨买入该股，而应在其回调时择机入场。

第八章

金融板块核心资产

市场上，金融板块因其盘子大，股价走势相对稳定，因而被称为股市的稳定器。与此同时，金融板块也包含了很多知名的核心资产股票，如中国平安、招商银行、中信证券等。

第一节　金融板块核心资产选择逻辑

生活中，每个人都离不开金融服务。特别是最近几年互联网金融的发展，更加拉近了普通人与金融服务的距离。在投资市场上，金融股也是投资者绕不开的一个板块。

一、最具影响力的行业板块

在 A 股市场上，能够对大盘、市场和股民的心理产生影响的，没有哪个板块能与金融板块相提并论。可以说，金融股的涨跌牵动着数以亿计股民的心。

金融板块之所以具有如此强大的影响力，取决于以下 2 个因素。

第一，市值高，影响力必然大。

在 A 股市场上，尽管存在上证指数、深证成指以及创业板指数、科创板指数等，但大家俗称的"大盘"，主要是指上证指数，全称上证综合指数。该指数由上海证券交易所上市的符合条件的股票与存托凭证组成样本，反映上海证券交易所上市公司的整体表现。尽管上证指数的样本股数量高达 1 550 只，但这些股票对大盘的影响力不尽相同。股票对大盘走势的影响与个股市值大小有直接关系，而银行股的市值往往都非常大，因此对指数的影响也非常大。下面来看一下上证指数前 10 位的成分股，如图 8-1 所示。

十大权重股			截止日期:2021-03-16
代码	简称	行业	权重
600519	贵州茅台	主要消费	5.96
601398	工商银行	金融地产	3.56
600036	招商银行	金融地产	2.64
601288	农业银行	金融地产	2.57
601318	中国平安	金融地产	2.18
601857	中国石油	能源	1.71
601988	中国银行	金融地产	1.65
601628	中国人寿	金融地产	1.60
601888	中国中免	可选消费	1.37
601166	兴业银行	金融地产	1.21

注：资料来源于中证指数有限公司网站。

图 8-1　上证指数前 10 位权重股

从图中可以看出，在上证指数的前 10 位权重股中，金融股占据了 7 席，总权重超过了 15%。要知道，这只是前 10 位权重股的情况，在前 10 名之后，还有很多排名靠前的银行股。也就是说，金融股对上证指数的影响肯定远远超过 15%。这也是金融股数量不多，但对整个市场影响很大的原因所在。

第二，大主力资金参与度高。

金融股盘子很大，涨跌幅度相对较小，因而散户投资者大多不愿意参与交易。即使参与交易，也会因为资金量过小而没有多少影响力。因此，金融股的动向本质上反映的就是主力资金的动向。主力资金的动向往往又会成为市场其他资金或散户效仿的对象，也就是说，当主力资金开始进攻时，其他投资者也会积极入场交易；反之，也可能会随之撤出战斗。

下面来看一下金融股中的龙头老大工商银行的主要股东情况，如图 8-2 所示。

前十大流通股东累计持有A、H流通股：3422.20亿股，累计占A、H流通股比：96.01%，较上期减少11.73亿股						
机构或基金名称	持有数量(股)	持股变化(股)	占流通股比例	变动比例	股份类型	持股详情
中央汇金投资有限责任公司	1237.18亿	不变	34.71%	不变	流通A股	点击查看
中华人民共和国财政部	1109.85亿	不变	31.14%	不变	流通A股	点击查看
香港中央结算(代理人)有限公司	861.66亿	↑1109.92万	24.18%	↑0.01%	流通H股	点击查看
全国社会保障基金理事会	123.32亿	不变	3.46%	不变	流通A股	点击查看
中国平安人寿保险股份有限公司-传统-普通保险产品	36.87亿	不变	1.03%	不变	流通A股	点击查看
中国证券金融股份有限公司	24.16亿	不变	0.68%	不变	流通A股	点击查看
香港中央结算有限公司	10.44亿	↓-1.53亿	0.29%	↓-12.76%	流通A股	点击查看
中央汇金资产管理有限责任公司	10.14亿	不变	0.28%	不变	流通A股	点击查看
中国人保保险股份有限公司-传统-普通保险产品-005L-CT001沪	4.71亿	↑180.65万	0.13%	↑0.39%	流通A股	点击查看
太平人寿保险有限公司-传统-普通保险产品-022L-CT001沪	3.88亿	新进	0.11%	新进	流通A股	点击查看

图 8-2　工商银行（601398）前 10 位流通股股东持股数据

从图中可以看出，工商银行的流通股股东中，中央汇金、财政部和社保基金占了很大的比重。同时，港股通资金、汇金资产以及其他保险基金也占有较大的比重，这些大资金的持股动向，往往成为市场的风向标。

二、最值钱的牌照

银行业与其他行业明显不同，这并不是一个充分的市场竞争行业。一方面，想要进入银行业需要大量的资本；另一方面，即使拥有较高的资本，也不一定能够获得开办银行所需的牌照。在金融板块，牌照是最稀缺的资源。按照价值投资理论的说法，这种牌照其实就是一种特许经营权。

关于特许经营权，巴菲特在 1991 年致股东的信中给出了清晰定义："拥有市场特许经营权的产品和服务具有以下特质：（1）它被人们需要或渴求；（2）被消费者认为找不到其他替代品；（3）不受价格管控的约束。企业是否存在以上 3 个特质，可以从企业能否定期且自由地对其产品与服务定价，从而赚取较高的资本回报上看出来。此外，特许事业能够容忍不当的管理，低能的经理人尽管会降低特许事业的获利能力，但不会对其造成致命的伤害。"

按照特许经营权理论，银行业内的企业都应该能够获得较丰厚的回报，毕竟作为普通人可选择的空间有限，不是接受这家银行的服务，就要接受另一家银行的服务，总之，银行服务都是大家需要的。同时，国家金融监管机构也为银行业的存贷款设置了基准利率标准，大家按照标准执行，基本上都能获得较好的收益。事实上，目前来看，银行业的利润情况普遍还是不错的。比如 2020 年，招商银行的净资产收益率为 13.45%，工商银行的净资产收益率也达到了 11.95%。尽管比照一些成长型企业来说，这种资产收益率并不算高，但对比其他资产规模较大的企业来说，这种净资产收益率还是相当不错的。

不过，牌照作为银行业最核心的竞争优势，未来也存在一定的风险。随着金融市场改革开放的不断深化，外资银行获得本土银行牌照的情况会越来越多，同时，民营资本获得银行牌照也不再是不可能的事。这就使得作为稀缺资源的银行牌照，今后可能变得不再那么稀缺，这是投资者应该关注的问题。

三、稳定高分红行业

相对其他行业，金融行业的赚钱能力和分红能力都是毋庸置疑的。尽管从股价走势上来看，金融股票的上涨幅度并不大，但考虑其股价与分红情况，可以发现很多看似股价万年不涨的股票，却往往是分红最大方的。

下面先来看一下工商银行的日 K 线走势图。

如图 8-3 所示，工商银行的股价长期处于低位水平。尽管随着大盘的大幅上涨，也曾走出短暂的上涨走势，但很快又回归低位振荡走势。

从该股的日 K 线图上可以看出，最近几年该股股价最高点为 2018 年 2 月 5 日的 7.02 元（复权价）。截至 2021 年 3 月 17 日，该股股价还在 5.60 元附近徘徊。也就是说，在过去 3 年多的时间里，该股股价一直在

2 元的幅度内上下波动。对于趋势交易者而言，这显然不是一个理想的投资标的。

图 8-3　工商银行（601398）日 K 线走势图

再来看一下该股的分红情况，如图 8-4 所示。

从工商银行的红利支付情况可以看出，该股红利支付水平非常稳定，且分红比例较高。考虑到工商银行不足 6 元的股价，每年每股红利达到了 2.50 元左右，5% 左右的税前分红率是一个比银行一年期定期存款利息还要高的数字，这还没有考虑股价波动产生的收益。

从资产配置角度来看，买入工商银行无疑是一种非常稳健的投资选择，投资者既可以享受高额分红，还可以坐享股价波动带来的收益。当然，股价波动幅度不高，其下跌的空间也十分有限，加上工商银行长期处于破净状态，这就更加限制了其下跌的空间。

其实，在银行板块的股票中，工商银行的分红还不是最高的。民生银行 2020 年的税前分红率更是高达 5.9%，由此可见银行板块分红的豪横程度。

报告期	董事会日期	股东大会预案公告日期	实施公告日	分红方案说明	A股股权登记日	A股除权除息日	AH分红总额	方案进度	股利支付率	税前分红率
2020中报	2020-08-31	--	--	不分配不转增	--	--	--	董事会预案	--	--
2019年报	2020-03-28	2020-06-13	2020-06-20	10派2.628元(含税)	2020-06-29	2020-06-30	936.64亿	实施方案	30.56%	5.01%
2019中报	2019-08-30	--	--	不分配不转增	--	--	--	董事会预案	--	--
2018年报	2019-03-29	2019-06-21	2019-06-27	10派2.506元(含税)	2019-07-02	2019-07-03	893.15亿	实施方案	30.56%	4.23%
2018中报	2018-08-31	--	--	不分配不转增	--	--	--	董事会预案	--	--
2017年报	2018-03-28	2018-06-27	2018-07-06	10派2.408元(含税)	2018-07-12	2018-07-13	858.23亿	实施方案	30.48%	4.25%
2017中报	2017-08-31	--	--	不分配不转增	--	--	--	董事会预案	--	--
2016年报	2017-03-31	2017-06-28	2017-07-04	10派2.343元(含税)	2017-07-10	2017-07-11	835.06亿	实施方案	30.43%	4.48%
2016中报	2016-08-31	--	--	不分配不转增	--	--	--	董事会预案	--	--
2015年报	2016-03-31	2016-06-25	2016-07-01	10派2.333元(含税)	2016-07-07	2016-07-08	831.50亿	实施方案	30.3%	5.08%

图 8-4　工商银行（601398）红利支付数据

第二节　金融板块细分领域

在整个金融板块中，不是只有银行股，还包括保险、证券、融资租赁、期货以及信托等行业。

一、银行业

按照专业机构对银行的定义，其属于依法成立的经营货币信贷业务的金融机构，是商品货币经济发展到一定阶段的产物。按照基本类型，大致可以分为中央银行、政策性银行、商业银行、投资银行、世界银行等。中央银行在国内主要指的就是中国人民银行，投资银行就是大家经常听说的诸如高盛、摩根士丹利等银行。本书研究的主要为商业银行，在本书中，如无特殊说明，所称的银行均指商业银行。

商业银行是通过存款、贷款、汇兑、储蓄等业务承担信用中介的金融机构。商业银行是金融机构之一，而且是最主要的金融机构，其主要业务有吸收公众存款、发放贷款以及办理票据贴现等。大家日常生活中接触的工商银行、中国银行、农业银行、建设银行、交通银行、招商银行等，都属于商业银行的范畴。

按照 2020 年年底的统计数据显示，目前国内营业的商业银行以及数量如表 8-1 所示。

表 8-1　商业银行数据统计表

银行性质	数量	代表性商业银行
国有大型商业银行	6	中国银行、工商银行、交通银行、建设银行、农业银行、储蓄银行
全国性股份制商业银行	12	招商银行、中信银行、光大银行、民生银行、兴业银行、浦东发展银行、华夏银行、平安银行、广发银行、渤海银行、浙商银行、恒丰银行
城市商业银行	133	北京银行、天津银行、河北银行、南京银行、杭州银行等
农村商业银行	1 539	北京农村商业银行、天津农村商业银行等

注：农村商业银行多由原农村信用合作社转制而来。

在银行领域，六大国有大型商业银行都可以看成核心资产；在全国性股份制商业银行中，招商银行就是最为典型的核心资产；在城市商业银行中，杭州银行较有代表性。

二、证券行业

证券行业，从定义上来看，是指为证券投资活动服务的专门行业。从大的范围来看，该行业包括了证券经纪公司、证券交易所、证券相关服务机构以及证券监管部门等。在本书中，主要是以证券经纪公司（俗称"券商"）为研究对象。

证券经纪公司按照承担的功能，大致可以分为 3 类，如图 8-5 所示。

1. 证券经纪

证券经纪是证券公司最基本的业务，其主要业务范围包括代理买卖证券，就是接受投资人委托代为买卖证券，并收取一定手续费即佣金。目前，证券经纪业务仍为证券公司最主要的一项收入来源。不过，该项收入与市场交易情况和佣金水平直接相关。同时，随着证券行业竞争日趋激烈，佣金水平有逐渐下行的趋势。

图 8-5　证券经纪公司 3 类基本功能

2. 证券承销

证券承销即以包销或代销形式帮助发行人发售证券。比如新股上市时，都需要由相应的证券公司承销或代销。

3. 自营业务

除了证券承销、证券经纪功能外，由于证券公司掌握了较大规模的资金，同时又拥有强大的证券分析与研究团队，使得很多证券公司会直接入场交易证券，或者代替客户管理资金，进行相关的投资活动等。

在证券行业中，中信证券、海通证券、东方财富属于比较有代表性的企业，特别是东方财富，与互联网结合得更为密切。

三、保险行业

保险是指投保人根据合同约定向保险人支付保险费，保险人对于合同约定的可能发生的事故因其发生所造成的财产损失承担赔偿保险金责任，或者被保险人死亡、伤残、疾病或者达到合同约定的年龄、期限等条件时承担给付保险金责任的商业保险行为。

保险行业在国内出现的并不算晚，但其发展经历了一个相对曲折的进程。直至 20 世纪 90 年代，保险行业才逐渐走向完善，近些年才取得长足的发展。

从整体上来看，国内保险企业与国际上优秀的保险企业还有很大的差距，这从另一方面也反映出国内保险行业还有较大的成长潜力和发展空间。

截至 2020 年年底，全国各类保险保费收入突破 4.5 万亿元，同比增长 6.1%，但保费密度（人均保费金额）仅为 3 200 多元。2019 年，美国的保费密度就已经达到了 7 400 多美元的水平，由此可见人均保费水平与发达国家相比仍有较大的差距。

目前，经营保险业务的保险公司很多，这些保险公司大致分为 2 类：其一，综合保险公司，即保险品种非常丰富的企业，几乎涵盖市场上绝大多数保险业务品种；其二，专门性的保险公司，即以某类或几类保险品种为核心业务。

尽管市场上的保险品种众多，但概括起来，这些保险品种主要可以分为 2 类，即寿险产品和非寿险产品。

1. 寿险产品

寿险，用一句话来概括，就是与人的年老与病死有关的保险产品。寿险产品一般都是保障时间较长的保险品种。也就是说，买了这类保险产品后，当出现疾病或者死亡时，都可以按照合同约定获得相应的赔偿。寿险分为如下 4 类，如图 8-6 所示。

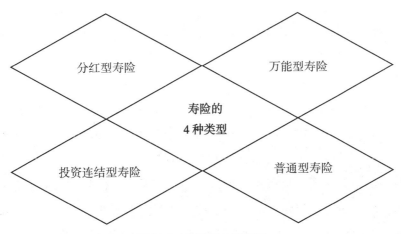

图 8-6 寿险的 4 种类型

（1）分红型寿险

分红型寿险是指保险公司将其实际经营成果优于定价假设的盈余，按一定比例向保单持有人进行分配的人寿保险产品。也就是说，持有该类保单的投保人，不仅可以享受约定的保险服务，还可以分享保险公司的经营红利。当保险公司产生较多盈余时，保单持有人可以享受更多的红利。

（2）万能型寿险

该类保险产品与传统寿险一样，除给予保护生命保障外，还可以让客户直接参与由保险公司为投保人建立的投资账户内资金的投资活动，保单价值与保险公司独立运作的投保人投资账户资金的业绩挂钩。投保人账户的资金会因投资收益的波动而产生波动，一般在缴纳初始保费后，只要该账户的资金额度高于当期保费，投保人都可以自由选择是否继续存入保费。该类保险产品也可以看成一种带有寿险性质的理财产品。

（3）投资连结型寿险

投资连结型寿险是一种融保险与投资功能于一身的新险种。该类保险产品设有保证收益账户、发展账户和基金账户等多个账户，每个账户的投资组合不同，收益率就不同，投资风险也不同。由于投资账户不承诺投资回报，保险公司在收取资产管理费后，所有的投资收益和投资损失由客户承担。

投资连结型寿险适合具有理性投资理念、追求资产高收益，同时又具有较高风险承受能力的投保人。

（4）普通型寿险

普通型寿险是最基础的人寿保险，具有保险和储蓄 2 种功能。保险公司必须经常保持足够的偿付能力，以便随时返还投保人的储蓄存款。普通寿险通常分为生存保险、死亡保险和生死两全保险 3 类。

寿险的主要作用是可以储蓄增值，还可以保障被保险人的医疗保障与养老保障，同时满足被保险人的财产安排与规划需求，并且还有合理节税与避税的作用。很多时候，寿险保单还可以成为个人融资的抵押物。

2.非寿险产品

非寿险产品品种非常多，主要保障内容为与人有关的财产保险。非寿险指的主要是人的财产损失保险、责任保险、短期健康医疗保险与人身意外伤害保险。保障的是地震等自然灾害，还有火灾、爆炸以及恐怖袭击等意外伤害造成的人身伤害与财产损失。

非寿险的主要作用是投保人通过给付少额的保费，来保障不确定的自然灾害和意外事故造成的大额损失。比较典型的非寿险产品包括车险、财产险等。

在保险领域，中国平安无疑是最具代表性的核心资产企业，其他的保险企业如中国人保、中国太保也同样值得关注。

四、其他金融行业

其他金融行业其实也有很多，但从已上市的企业来看，还是以信托行业、融资租赁行业和期货行业为主。目前这些行业中，还未涌现出真正意义上的能够称为核心资产的企业。

1.信托行业

按照《中华人民共和国信托法》的相关定义，信托"是指委托人基于对受托人的信任，将其财产权委托给受托人，由受托人按委托人的意愿以自己的名义，为受益人的利益或者特定目的进行管理或者处分的行为"。用通俗的话来说，信托就是受委托人的委托从事投资理财活动，即"受人之托，代人理财"。

信托行业的融资渠道和投资路径都非常宽泛，因此，最近一些年来，信托行业的整体发展较为迅速。国家金融监管机构为了防范金融风险，有时还会适当地采取一些管控措施，压缩信托行业的资金规模。

从整体上来看，信托行业已经从初始阶段的数量增长型行业，逐渐开始向质量提升型行业过渡。一些优质的信托企业开始显露头角。当然，从A股上市的信托企业来看，上市的信托企业数量还非常少，且规模也较有限，盈利能力一般。正因如此，信托这个与银行、证券、保险并列的第 4 大金融支柱行业，在市场上受到的关注远落后于其他 3 个行业。

2. 融资租赁行业

融资租赁是目前新兴的一种非银金融形式，是指出租人根据承租人（用户）的请求，与第三方（供货商）订立供货合同，根据此合同，出租人出资向供货商购买承租人选定的设备，同时，出租人与承租人订立一项租赁合同，将设备出租给承租人，并向承租人收取一定的租金。从本质上来说，融资租赁企业充当了一种中间商的角色，但这个中间商是一个拥有"物权"的中间商。

下面来分层解读这种交易形式。

第一，承租人（用户）需要买入某种大型设备或机械，但是资金并不充裕或还有其他用途，也就是说，这些承租人（用户）没有能力或不愿意全款买入一些价值高昂的设备，想从银行贷款，又因信用或其他原因很难获得，所以只能找到融资租赁公司。

第二，融资租赁公司可以按照承租人的需求买入某种定制的设备，然后将其租给承租人。融资租赁公司属于金融企业，资金量相对雄厚，而且还可以通过各种融资途径获得资金。总之，融资租赁公司比较有钱，就先买了设备租给承租人。

第三，融资租赁公司不是慈善企业，需要向承租人收取较高的租金，一般会按照设备使用寿命与价值计算租金（当然，这都是购买设备之前就已经谈好并签订合同的）。融资租赁公司主要挣的就是这种差价，即设备款和租金以及利息之间的差价。

第四，从物权的角度来看，大部分设备的所有权都属于融资租赁公司，承租人只拥有使用权。在使用过程中，如果设备出现损坏，承租人需要负责修理和维护。当租赁合同到期后，租赁公司可按照合同约定将其折价卖给承租人或者转卖给第三方。

3. 期货行业

期货不是货，它是由交易所统一制定的、规定在未来某一特定时间和地点交割一定数量标的物的标准化合约。期货公司则是指依法设立的，接受客户委托，按照客户的指令以自己的名义为客户进行期货交易并收取交易手续费的中介组织。也就是说，期货公司承担的是交易者与期货交易所之间的桥梁。

单从字面意义上来看，期货行业应该是与证券行业非常相似的一个行业，但由于期货炒作的风险很大，参与者较少，因此期货行业内的企业无论规模还是盈利能力，都与券商相差甚远。目前，在 A 股市场上市的期货公司数量很少。

第三节　金融板块核心资产投资标的

目前，金融板块的核心资产品种主要集中于银行、证券和保险等领域。本节选择其中比较有代表性的 3 只进行分析，以供读者参考。

一、银行业核心资产——招商银行

在众多商业银行中，招商银行是最具代表性和创新性的一家。银行业中的很多创新都发端于招商银行。

招商银行 1987 年成立于中国改革开放的最前沿——深圳蛇口，是中国境内第一家完全由企业法人持股的股份制商业银行，也是国家从体制外推动银行业改革的第一家试点银行。

至 2020 年末，招商银行总资产规模达 8.36 万亿元，全年营业收入 2 904.82 亿元，ROAA、ROAE 分别为 1.23% 和 15.73%，保持行业领先；不良贷款率 1.07%，连续 4 年下降，资产质量保持优良；拨备覆盖率达 437.68%，风险抵补能力持续强化。公司在中国香港、上海两地上市，其发行的"一卡通"被誉为我国银行业在个人理财方面的一个创举，同时公司也是国内信用卡发卡最多的银行。公司正加快实现战略转型，加大收入结构和客户结构的调整力度，大力发展零售银行业务、中间业务、信用卡业务和中小企业业务，不断提高非利息收入的占比，经营转型取得了良好效果。

1. 基本产品线与盈利构成

招商银行作为银行业和创新型银行业的领军企业，其收入主要来自各类存贷款利差和中间业务。下面来看一下招商银行的产品销售与利润占比情况，如图8-7所示。

从图中可以看出，在招商银行的收入构成中，零售金融（以个人或家庭为主要客户的金融业务）占比达到了53.81%，已经超过了批发金融业务（以企业、事业、团体等大额客户为主的金融业务）的42.12%，这从另一方面可以看出以个人为主的零售金融在整个银行业中所处的位置。

从具体的产品收入构成来看，利息收入仍是招商银行最主要的收入来源，占到了总收入的73%以上。其实，这一占比已经是各大商业银行中很低的比例了。以工商银行、建设银行为代表的国有大行，这一比例达到了78%以上。

	业务名称	营业收入(元)	收入比例	营业成本(元)	成本比例	利润比例	毛利率
按行业	零售金融业务	1563.14亿	53.81%	924.54亿	55.08%	52.07%	40.85%
	批发金融业务	1223.45亿	42.12%	665.92亿	39.68%	45.46%	45.57%
	其他业务	118.23亿	4.07%	87.93亿	5.24%	2.47%	25.63%
按产品	利息收入	3074.25亿	73.18%	-	-	-	-
	手续费及佣金收入	866.84亿	20.64%	-	-	-	-
	投资收益	191.62亿	4.56%	-	-	-	-
	其他业务收入	62.61亿	1.49%	-	-	-	-
	汇兑净收益	22.02亿	0.52%	-	-	-	-
	公允价值变动收益	-16.60亿	-0.40%	-	-	-	-

图8-7 招商银行的收入构成（2020年度）

手续费及佣金收入占比达到了20%以上，这同样在商业银行中首屈一指。大家需要清楚一点，招商银行并不像工商银行、邮储银行等国有大行，网点能够下沉到基层城镇，这就意味着相关费用与支出远少于邮储银行、工商银行等国有大行。这从另一个层面可以看出招商银行的创新服务取得了较明显的效果，整体运营效率较高。

下面再看一下招商银行的客户开发情况，如图 8-8 所示。

从图中可以看出，零售客户数、金葵花及以上客户数持续增长，这说明整体上招商银行的客户群处于扩大趋势。私人银行这一反映高端客户群的指标也呈现放大态势。由于招商银行私人银行的门槛高于其他银行，因而招商银行高端客户的户均资产规模也相对较高。当然，从最近几个季度的私人银行资产规模来看，整体资产规模有所回落，但降幅有限。不过，这种情况仍值得投资者保持关注。

业务名称	2020-12-31	2020-06-30	2019-12-31	2019-06-30	2018-12-31
贷款和垫款总额(元)	5.03万亿	-	-	-	-
零售客户数(户)	1.58亿	1.51亿	1.44亿	1.34亿	1.25亿
金葵花及以上客户数(户)	310.18万	291.79万	264.77万	255.94万	236.26万
转贴现买断业务量(元)	9751.25亿	-	-	-	-
资产托管费收入(元)	42.15亿	21.79亿	36.05亿	19.13亿	44.39亿
贷款拨备率(%)	4.67				
贷款和垫款利息收入(元)	2361.04亿				
自助银行(家)	-	2943.00	-	3232.00	3259.00
聚合收款业务交易金额(元)	2036.73亿				
结售汇交易量(美元)		637.28亿	2400.40亿	579.49亿	1349.45亿

图 8-8　招商银行客户开发维度数据

2. 招商银行财务数据说明

先来看一下招商银行之前几年的财务与收益数据情况，如表 8-2 所示。

表 8-2　招商银行财务数据

时间	2020 年	2019 年	2018 年	2017 年	2016 年
每股收益（元）	3.79	3.62	3.13	2.78	2.46
净利润增长率	4.82%	15.28%	14.84%	13%	7.6%
营业总收入（亿元）	2 905.08	2 697.03	2 485.55	2 208.97	2 097.2
每股净资产（元）	25.36	22.89	20.07	17.69	15.95
资产负债率	91.26%	91.67%	91.94%	92.32%	93.21%
净资产收益率	13.45%	16.84%	16.57%	16.54%	16.27%

从招商银行的财务数据情况来看，大家可以获得这样 2 个事实。

第一，过去几年（除了 2016 年和 2020 年），招商银行一直保持了较为平稳的增长态势。该股的净利润增长率多年都超过了 13%，2020 年的低增速显然是受到了疫情的影响，未来招商银行还有望恢复较高的增速。当然，13% 以上的增速对于其他行业来说也许并不算高，但对于银行业来说，这已经是非常高的水准，这也是在银行业中市场资金一直比较青睐招商银行的原因。

第二，从净资产收益率来看，除了 2020 年外，招商银行其他几年的净资产收益率都在 16% 以上。这当然是一个非常不错的数字，不过，这确实与银行业的高杠杆率有关。这点从招商银行的资产负债率中也可以看出，高达 90% 以上的资产负债率，说明银行资产中九成以上都是负债所得，这与其吸收存款再进行放贷的经营模式直接相关。

总之，从经营数据上来看，招商银行的各项业务指标在银行业中都是首屈一指的，因而招商银行已成为很多投资机构的宠儿。当然，2020 年，由于各行各业受疫情影响都比较大，招商银行的不良贷款率也出现了一定幅度的上升，这是投资者需要警惕的地方。

3. 招商银行估值分析

对银行业的估值，市盈率法、市净率法、ROE、ROA 等方法都是比较常用的。一般来说，大家还是比较倾向于选择较为保守的估值方法。

若以 2020 年年底的每股收益 3.79 元为基准，考虑到招商银行是银行业的标杆企业，可以将其市盈率设置在 15 倍左右（国际上，很多大型银行的市盈率一般也都处于较低的水平，该估值相对比较合理）。那么，到了 2020 年年底，招商银行的估值应该在 56.85 元左右。若 2021 年该股的净利润增长率达到 10%，则其每股收益可能达到 4.17 元，那么其估值就应该上升到 62.55 元。

下面来看一下招商银行的日 K 线走势图。

如图 8-9 所示，2020 年年中，随着大金融股的大幅上涨，招商银行的股价出现了振荡上升走势。该股股价从 2020 年 4 月中旬的 30.76 元，一路振荡上升至 2021 年 2 月 1 日的 56.40 元，涨幅超过了 80%。

从前面的分析可知，按照 2020 年每股净收益为 3.79 元的基准，股价合理范围应该在 56.85 元左右，至 2021 年年底，估值有望达到 62.55 元的价位。从该股股价走势来看，到了 2021 年年初，该股股价与估值就已经非常接近了（略低于估值）。这一方面说明该股股价前期的上升本质上已对股票价格进行了修正，另一方面也可以看出市场上的资金还是比较青睐招商银行的。

从股价与估值的对比来看，由于该股长期盈利能力比较稳定，当前也并未存在高估的情况，因而该股作为长线投资标的还是比较合适的。

图 8-9　招商银行（600036）日 K 线走势图

二、证券行业核心资产——中信证券

在证券领域，如果要选择一个企业作为行业标杆的话，那么一定是中信证券，中信证券在整个证券领域已经确立并巩固了自己的龙头地位。

中信证券成立于 1995 年 10 月，2003 年在上海证券交易所挂牌上市交易，2011 年在香港联合交易所挂牌上市交易，是中国第一家 A+H 股上市的证券公司。

中信证券业务范围涵盖证券、基金、期货、直接投资、产业基金和大宗商品等多个领域，通过全牌照综合经营，全方位支持实体经济发展，为境内外超过 4 万家企业客户与 1 030 余万个人客户提供各类金融服务解决方案。目前拥有 7 家主要一级子公司，分支机构遍布全球 13 个国家和地区，实现中国境内省市区全覆盖，华夏基金、中信期货、金石投资等主要子公司都在各自行业中保持领先地位。（资料来源：中信证券官网）

1.基本产品线与盈利构成

作为证券行业的龙头企业，中信证券的收入来源比较多样，主要来自证券投资业务、经纪业务、资产管理业务等。下面来看一下中信证券的具体业务收入与利润占比情况，如图 8-10 所示。

	业务名称	营业收入(元)	收入比例	营业成本(元)	成本比例	利润比例	毛利率
按行业	证券投资业务	89.21亿	33.36%	46.36亿	31.18%	36.08%	48.03%
	经纪业务	65.74亿	24.58%	38.94亿	26.19%	22.57%	40.77%
	其他业务	50.42亿	18.85%	33.91亿	22.81%	13.90%	32.75%
	资产管理业务	40.80亿	15.26%	19.51亿	13.12%	17.93%	52.18%
	证券承销业务	21.26亿	7.95%	9.95亿	6.69%	9.52%	53.19%
按产品	手续费及佣金收入	126.92亿	36.52%	-	-	-	-
	投资收益	81.30亿	23.39%	-	-	-	-
	利息收入	69.57亿	20.02%	-	-	-	-
	公允价值变动收益	37.57亿	10.81%	-	-	-	-
	其他业务收入	28.36亿	8.16%	-	-	-	-
	汇兑收益	2.89亿	0.83%	-	-	-	-
	其他收益	9608.05万	0.28%	-	-	-	-
	资产处置收益	-135.96万	-0.0039%	-	-	-	-

图 8-10　中信证券各项业务收入占比（2020 年度）

从图中可以看出，中信证券的业务划分方法与之前所讲的证券公司收入来源并不是一一对应的。事实上，几乎每家证券公司都有各自的业务划分方法，但总体上来看，其收入来源仍是之前涉及的几个领域。

中信证券的收入构成比较清晰，其中，证券投资业务占比达到了 33.36%，已经占到了全公司总营收的 1/3 以上。中信证券的证券投资业务主要对应的是之前提及的自营业务，即以证券公司为主导的各类证券投资与交易活动。由于 2020 年市场环境相对较好，很多证券公司该部分收益都有所扩大，但像中信证券这样占比超过 1/3 的不多，这从侧面可以反映中信证券的投资能力与实力。

经纪业务仍是中信证券非常重要的利润来源，也是最核心的利润来源。同时，由于 2020 年股市向好，新入市股民增加，使得证券公司的经纪业务收入占比有所提升，这部分收入也占到了公司总营收的近 1/4。

从具体的收入类型来看，手续费及佣金收入仍为中信证券的第一大收入来源，占比达到了 36.52%；投资收益与利息收益紧随其后，占比全部超过了 20%。其实，这也反映出证券公司的整体收入情况，即仍是佣金和手续费为主，并与投资收益和利息收益共同构成了整个证券公司收入的三驾马车。

2. 中信证券财务数据说明

先来看一下中信证券之前几年的财务与收益数据情况，如表 8-3 所示。

表 8-3 中信证券财务数据

时间	2020 年	2019 年	2018 年	2017 年	2016 年
每股收益（元）	1.16	1.01	0.77	0.94	0.86
净利润增长率	21.86%	30.23%	−17.87%	10.30%	−47.65%
营收收入（亿元）	543.48	431.4	372.21	432.92	380.02
每股净资产（元）	14.06	13.34	12.64	12.36	11.78
资产负债率	82.35%	79.1%	75.99%	75.52%	76.99%
净资产收益率	8.43%	7.76%	6.20%	7.82%	7.36%

从中信证券的财务数据情况来看，大家可以获得这样 4 个事实。

第一，从整体上来看，中信证券的盈利能力是毋庸置疑的，长期保持了较高的盈利水平。但从净利润增速来看，其净利润水平并不是一直呈稳定上升态势的，这与证券行业所具有的周期性特点有关，即在股市向好时，股市交投活跃，证券公司的盈利能力也会大幅提升；反之，当股市走势较差时，市场交易清淡，证券公司的收益也会大幅减少。

第二，从净资产收益率来看，中信证券的净资产收益率要低于 10% 的水平，这并不是一个很高的数字，这也是市场上的投资者不愿意为证券公司赋予较高估值的原因所在。从某种意义上来说，证券公司确实是一个不错的生意，但净资产收益率过低也会影响投资者对其投资的热情。

第三，相比其他行业，证券公司拥有的资产变现能力更强，资产质量更高，这也是一个明显的优势。

第四，从资产负债率来看，证券公司的整体负债率较高，这与行业运营特点有关。毕竟证券公司需要打理大量的客户资产，这部分资产都会体现在负债中。

总之，从经营数据上来看，中信证券的各项业务指标在证券业中都是首屈一指的，因而中信证券经常成为整个市场的宠儿和市场走势的风向标，即当中信证券大幅上涨时，往往意味着股市回暖，也往往成为股市上行的先行信号。

3. 中信证券整体运营质量

作为证券行业的大龙头，中信证券的整体财务质量较高，且收益较为稳定，属于理想的投资标的。但对其财务报表进行分析可以发现，该股的商誉资产价值较高（超过100亿元），这在一定程度上可能会产生商誉爆雷的风险。

在证券行业中，中信证券属于拥有全牌照的券商，是经营业务最多元的证券企业，因而其盈利能力肯定是没有问题的。

4. 中信证券估值分析

前面介绍的证券行业估值方法以比较类估值为主，比较的对象又多选择中信证券，这就使得在对中信证券进行估值分析时，缺少了必要的参照基准。一般来说，国外券商企业的估值也存在很大差异，一般市盈率在15倍属于较为合理的水平。投资者可依据国内的实际情况，将中信证券的市盈率放在15～20倍之间较为合理。

以2020年年底的每股收益1.16元为基准，考虑到中信证券作为券商行业的标杆企业，可以将其市盈率设置在20倍左右。那么，到2020年年底，中信证券的估值应该在23.20元。若2021年该股的净利润增长率达到20%，则其每股收益可能达到1.39元，那么其估值就应该上升到27.80元。

下面来看一下中信证券的日K线走势图。

如图 8-11 所示，2020 年 6 月中旬，中信证券的股价开始进入快速上升通道。到了 8 月 10 日，该股股价一度上攻至 33.85 元。到了 2021 年 2 月 25 日，该股股价又回落至 27.73 元。

通过前面的分析可知，该股股价的合理波动范围应在 23.20 元～27.80 元之间。2020 年下半年的拉升，中信证券的股价明显已经超过了该股的合理估值范围。也就是说，2021 年 2 月底的股价大致运行在合理的股价范围之内，而之前的 2020 年 8 月中旬，股价明显存在高估的情况。

其实，股价在上攻阶段超过估值高点，与下跌阶段跌破估值底线，都是股价运行过程中经常出现的情况。投资者若能根据股价估值选择入场、离场时机，将会大大提升自己的获利能力。

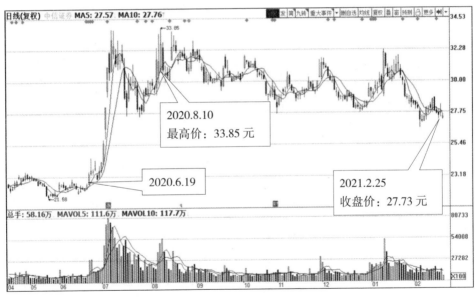

图 8-11　中信证券（600030）日 K 线走势图

三、保险行业核心资产——中国平安

无论是财险还是寿险，中国平安都不是第一位，但在整个保险领域，却是当仁不让的第一。中国平安在整个保险乃至金融板块，已经确立并巩固了自己的龙头地位。

中国平安保险（集团）股份有限公司为经营区域覆盖全国，以保险业务为核心，以统一品牌向客户提供包括保险、银行、证券、信托等多元化金融服务的全国领先的综合性金融服务集团。

通过多渠道分销网络，以统一的品牌，借助旗下平安寿险、平安产险、平安养老险、平安健康险、平安银行、平安信托、平安证券、平安资产管理及平安融资租赁等公司经营保险、银行、资产管理三大核心金融业服务，借助陆金所、金融壹账通、平安好医生、平安医保科技、汽车之家等公司，向客户提供多种金融产品和服务。

1. 基本产品线与盈利构成

中国平安作为横跨保险、银行等业务的金融行业龙头企业，其收入来源比较多样，主要来自保险业务（包括寿险和财产险等）、银行业务、证券业务等。下面来看一下中国平安的具体业务收入与利润占比情况，如图8-12所示。

	业务名称	营业收入(元)	收入比例	营业成本(元)	成本比例	利润比例	毛利率
按行业	寿险及健康险	7165.35亿	58.81%	-	-	-	-
	财产保险	2723.25亿	22.35%	-	-	-	-
	银行	1535.42亿	12.60%	-	-	-	-
	其他资产管理	570.02亿	4.68%	-	-	-	-
	金融科技与医疗科技	324.43亿	2.66%	-	-	-	-
	证券	164.65亿	1.35%	-	-	-	-
	信托	50.96亿	0.42%	-	-	-	-
	其他业务及合并抵消	-350.93亿	-2.88%	-	-	-	-
按产品	保险业务收入	7978.80亿	58.79%	-	-	-	-
	银行业务利息收入	1867.75亿	13.76%	-	-	-	-
	投资收益	1247.01亿	9.19%	-	-	-	-
	非银行业务利息收入	1188.14亿	8.75%	-	-	-	-
	其他业务收入	641.81亿	4.73%	-	-	-	-
	非保险业务手续费及佣金收入	639.78亿	4.71%	-	-	-	-
	其他收益	33.98亿	0.25%	-	-	-	-
	汇兑损失	22.19亿	0.16%	-	-	-	-
	资产处置收益	700.00万	0.0005%	-	-	-	-
	公允价值变动损益	-47.70亿	-0.35%	-	-	-	-

图8-12 中国平安的产品收入构成（2020年度）

从图中可以看出，中国平安的收入构成所跨门类较多，涵盖了寿险、财险、银行、证券等领域。但从整体的收入构成可以看出，中国平安整个集团收入中，保险收入仍占据绝大比重，特别是寿险及健康险占比达到了58.81%，而财产保险的占比也达到了22.35%。也就是说，在中国平安的整个收入构成中，保险产品收入占比超过了80%，是一家名副其实的保险金融集团。

从具体的产品来看，保险业务收入、银行业利息收入、非银行利息收入和投资收益，共同构成了中国平安的四大主要收入来源，其中又以保险收入最高。

2. 中国平安财务数据说明

先来看一下中国平安之前几年的财务与收益数据情况，如表8-4所示。

表8-4 中国平安财务数据

时间	2020年	2019年	2018年	2017年	2016年
每股收益（元）	8.1	8.41	6.02	4.99	3.50
净利润增长率	−4.22%	39.11%	20.56%	42.78%	15.11%
营收收入（亿元）	1.22万	1.17万	9 768.32	8 908.82	7 124.53
每股净资产（元）	41.72	36.82	30.44	25.89	20.98
资产负债率	89.63%	89.63%	90.43%	90.95%	91.28%
净资产收益率	20%	24.35%	20.91%	20.72%	17.36%

从中国平安的财务数据情况来看，大家可以获得这样4个事实。

第一，从整体上来看，中国平安的盈利能力是毋庸置疑的，长期保持了较高的盈利水平。但从净利润增速来看，前几年的净利增速一直保持较快的速度，但2020年受到疫情的影响，导致净利增速下滑。未来随着疫情的缓解乃至消除，中国平安恢复以往的增速也是可能的。

第二，从净资产收益率来看，最近4年，中国平安的净资产收益率都保持在20%及以上的水平，这是一个非常理想的数据。特别是中国平安作为一家金融企业，能够保持20%以上的净资产收益率，更是难能可贵。正因如此，中国平安才会被看成A股市场上少有的核心资产股票。

第三，相比于其他行业，保险公司等金融企业拥有的资产变现能力更强，资产质量更高，这也是一个明显的优势。

第四，从资产负债率来看，保险公司与其他金融行业企业类似，整体负债率较高，这与行业运营特点有关。毕竟保险公司需要打理大量的客户资产，而且手中还有大量的客户保单，这部分资产都会在负债中体现。

总之，从经营数据上来看，中国平安的各项业务指标在保险业中都是首屈一指的，因而中国平安经常成为整个市场的宠儿和市场走势的风向标。

3. 中国平安整体运营质量

作为保险行业的大龙头，中国平安整体财务质量较高，收益较为稳定，属于理想的投资标的。但分析其财务报表可以发现，该股商誉资产价值较高（超过 230 亿元），考虑到中国平安每年超过 1 400 亿元的净利水平，该企业的商誉也在可控范围之内。从中国平安的内含价值来看，企业的内含价值仍处于高速增长之中，特别是新业务受疫情影响比较显著，这都有利于中国平安未来利润的释放。如图 8-13 所示。

科目\年度	2020	2019	2018	2017	2016	2015 ≫
内含价值(元)	**1.33万亿**	**1.20万亿**	**1.00万亿**	**8251.73亿**	**6377.03亿**	**5528.53亿**
扣除偿付能力额度成本之后的一年新业务价值(元)	495.75亿	759.45亿	722.94亿	673.57亿	508.05亿	308.38亿
寿险内含价值(元)	8245.74亿	7574.90亿	6132.23亿	4963.81亿	3603.12亿	3268.14亿
一年新业务价值-个险渠道(元)	487.56亿	754.86亿	718.74亿	670.27亿	505.27亿	301.74亿
一年新业务价值-团险渠道(元)	8.20亿	4.59亿	4.20亿	3.30亿	2.78亿	4.17亿
一年新业务价值-银行渠道(元)	16.09亿	11.91亿	8.65亿	7.16亿	3.14亿	2.46亿

图 8-13　中国平安内含价值数据

从图中可以看出，中国平安的内含价值是逐年递增的，特别是寿险的内含价值增速较高，这就保证了中国平安集团未来收入的稳定。同时，从中国平安新业务的价值数据来看，2020 年的数据要低于之前几个年度，这无疑与疫情有关，未来中国平安的资产质量会随着疫情影响的消除继续提升。

4. 中国平安估值分析

前面介绍的保险行业的估值方法以内含价值估值为主，考虑到保险公司的业务与发展阶段不同，基于内含价值的估值所给出的估值也会有所不同。

一般来说，在保险领域，中国平安的估值肯定是最高的，加之市场资金对中国平安比较青睐，这都使中国平安的估值水平稍高于其他保险企业。

以 2020 年年底的 1.33 万亿元的内含价值为基准，截至 2020 年年底，中国平安的股份总数为 182.8 亿股，折合每股内含价值为 72.76 元。若从发展的角度考虑，中国平安内含价值的年增速预估为 8%，则 2021 年年底内含价值大约为 78.58 元 / 股。若 P/EV 估值以 1.1 倍为基准，则中国平安的估值大约为 80 元～86.44 元。

下面来看一下中国平安的日 K 线走势图。

如图 8-14 所示，2020 年 5 月中旬，中国平安的股价开始进入快速上升通道。11 月 30 日，该股股价一直上攻至 94.62 元。而到了 2021 年 3 月 10 日，该股股价又回落至 84.02 元。

通过前面的分析可知，该股股价的合理波动范围应该在 80 元～86.44 元之间。也就是说，2021 年 2 月底，股价大致运行在合理范围之内，2020 年 11 月中旬的股价明显存在高估。

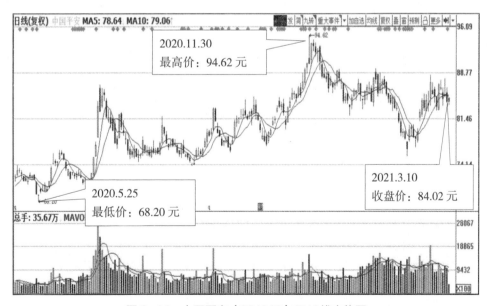

图 8-14 中国平安（601318）日 K 线走势图

第九章

新能源板块核心资产

新能源作为最有发展潜力的一个行业，未来会有大批行业巨头从中涌现，这也就意味着，未来很可能会有很多核心资产股票来自新能源板块。

第一节　新能源板块核心资产选择逻辑

新能源是一个相对笼统的概念，是相对于传统能源而言的非传统能源。新能源涵盖了太阳能、风能、地热能、核能、氢能等诸多能源形式，而且其外延仍在扩大。相对于传统能源，新能源对环境的污染较小，甚至没有污染，这对保护全球环境具有重要的价值和意义。正因如此，新能源才会得到世界各国的重视。

一、最具发展潜力的板块

我国新能源产业起步并不算早，也是最近一些年才取得了较为迅猛的发展。随着国家将新能源产业的发展提升至战略高度，未来一些年，新能源产业将迎来爆发式增长。

1. 新能源发电快速发展

随着国民经济的发展，全国电力需求不断提升，这也为新能源发电产业的发展提供了广阔的舞台。截至 2020 年，全国并网太阳能发电装机容量达 25 343 万千瓦，同比增长 24.1%；全国并网风电装机容量达 28 153 万千瓦，同比增长 34.6%；全国全口径核电装机容量达 4 989 万千瓦，同比增长 2.4%；全国全口径水电装机容量达 37 016 万千瓦（含抽水蓄能 3 149 万千瓦），同比增长 3.4%。这一连串数字说明我国新能源发电产业的发展正处于加速上升周期。

2. 新能源汽车推动新能源发展

目前，世界各国都加快了传统燃油车的淘汰步伐，新能源汽车将会成为未来汽车行业的主角。2021 年第一季度，我国汽车销售市场上，新能源汽车销售占比达到 8.6%，而上年同期该数字仅为 5.8%，由此可见新能源汽车产业发展速度之快。

新能源汽车，是指采用非常规的车用燃料（化石能源）作为动力来源，综合车辆动力控制和驱动方面的先进技术，形成技术原理先进，具有新技术、新结构的汽车。与传统燃料汽车相比，新能源汽车在环保方面具有一定的优势。未来，随着全球环境保护意识的不断增强，人们对新能源的开发也会越来越重视。

目前，市场上的新能源汽车主要为纯电动汽车、混合电动汽车、氢燃料电池汽车等。新能源汽车产业的发展，势必会带动相关燃料电池、充电桩等行业的快速发展。

二、传统能源枯竭，能源转型势在必行

随着人类科技与经济的发展，对化石能源等传统能源的消耗也越来越大。目前，石油、天然气、煤炭等化石能源约占世界能源消费总量的 86%，而且大部分电力也依赖于化石能源。核能、太阳能、潮汐能、水力发电、风力发电、地热能等新能源在整个能源消费中占比不到 15%。

与此同时，随着经济的发展，对能源消费的需求不是降低了，而是大大提升了。按照相关机构的统计，以目前对化石能源的消耗来看，百年之后，化石能源将会逐渐走向枯竭。这些化石能源一旦消耗完毕，就很难再生。

为了应对未来的能源危机，世界各国都加强了新能源的研究力度，并逐渐提高新能源在整个能源消费中的占比，这就为新能源的发展提供了一个巨

大的机会。

三、碳中和为新能源带来重大机遇

气候变化是人类面临的全球性问题，世界各国二氧化碳排放和温室气体猛增，对生命系统正在形成越来越大的威胁。因此，世界各国日益意识到，只有全世界的国家共同努力，减少温室气体排放，才能避免或减缓全球气候恶化。在此基础上，世界各国先后提出"碳中和"目标。

碳中和，是指经过测算，企业、团体或个人在一定时间内直接或间接产生的温室气体排放总量，通过植树造林、节能减排等形式抵消自身产生的二氧化碳排放，实现二氧化碳的"零排放"。

2030年"碳达峰"，2060年"碳中和"，是我国向世界提出的非常重要的承诺。大力发展新能源，减少碳排放，是实现"碳中和"最好的路径。通过传统行业节能减排，大力发展新能源，才能够真正实现"碳达峰""碳中和"。因此，"碳中和"将会催生一批新的行业巨头企业。无论是新能源电力还是新能源企业领域，都将迎来爆发式增长，因而相关产业势必会获得绝佳的发展机遇。

在新能源电力领域中，以光伏能源行业发展最为强劲，之前也曾涌现出很多不错的投资标的，如隆基股份。新能源汽车领域中，整车制造、燃料电池等细分领域，都会涌出较多的优质投资标的，如比亚迪、赣锋锂业等。

第二节　新能源板块主要细分领域

按照不同的分类方法，新能源板块可以细分为不同的领域。比如，按照能源类型不同，可以分为氢能、太阳能、水能、风能、核能等；按照产业链层面不同，可以划分为上游设备制造、中游能源转化、下游能源应用（含电力、燃料电池、新能源汽车等）。这里列举其中比较重要且已经有了重要影响力的企业。

一、太阳能

太阳能是一种可再生的清洁能源。人们通过一系列设备，可以将太阳的热辐射能转化为热能、电能，并加以具体的应用。比较典型的应用包括各类太阳能热水器、太阳能发电（光伏）等。

太阳能的细分领域如下。

1. 太阳能热水器

相对于其他太阳能产业，太阳能热水器领域所需的技术含量并不高，因而竞争比较激烈，很多企业的毛利率都比较低。目前，已经上市的太阳能热水器企业，盈利能力普遍不强，期间很难出现核心资产类股票。

2. 光伏

光伏领域是整个太阳能产业中非常重要的一个细分领域。目前，太阳能最主要的应用在于光电转化，即将太阳能转化为电能。要将光能转化为电能，光伏组件是不可或缺的设备。光伏产业又可细分为硅片生产、组件生产等。

目前，在光伏组件生产领域，涌现出了几家比较有竞争力的企业，如隆基股份、天合光能等。在硅片生产细分领域中，比较有代表性的企业有中环股份等。

二、风能

风能是空气水平运动产生的动能。由于太阳辐射在地球表面受热不均，引起大气压力分布不平衡，在水平气压梯度作用下，空气沿水平方向运动产生风。风能与太阳能相似，也是一种可再生资源，且地球表面可利用的风能非常充沛。

与风能开发与利用相关的上市公司包括各类风力发电设备制造企业，如日月股份等。

三、核能

核能是通过核反应从原子核中释放出的能量。相对于太阳能和风能，核能的利用需要更高的技术，也存在更大的风险，因此核能的发展并没有像太阳能、风能等能源那么迅速，而是一直在稳步推进。不过，核能的开发与利用价值相当大，目前我国沿海各省都已经建设了相关核电设施，以缓解当地电力供应不足的问题。

与核能开发与利用有关的企业以国企居多，多为国企主导，比较有代表性的核电企业包括中国核电、中国核建等。

四、新能源汽车

目前，新能源汽车主要包括混合动力电动汽车（HEV）、纯电动汽车（BEV，包括太阳能汽车）、燃料电池电动汽车（FCEV）、其他新能源（如超级电容器、飞轮等高效储能器）汽车4类。新能源汽车在整个汽车市场上的占比并不高，未来各国会加速淘汰传统能源汽车，因而新能源汽车被认为是最具发展潜力的一个领域。

在市场上，很多传统汽车厂商、新兴汽车厂商都加入到了新能源汽车领域的竞争之中。由于新能源汽车的动力都是由电池提供，因而随着新能源汽车的蓬勃发展，各类动力电池、燃料电池产业也获得了较快发展。

这些领域都涌现出了较知名的行业龙头企业，如新能源汽车厂商比亚迪，动力电池厂商宁德时代等。

第三节　新能源板块核心资产投资标的

从整体上来看，新能源板块未来还有很大的发展空间，也可能会有很多新兴企业成为核心资产入选标的。本节简单列举3只已经在行业内部确立优势的龙头企业进行简单分析，供读者参考。

一、光伏领域核心资产——隆基股份

隆基股份目前是全球最大的单晶硅片供应商，是光伏行业龙头企业，也是全球最大的集研发、生产、销售、服务于一体的单晶光伏产品制造企业。

隆基绿能科技股份有限公司主要从事单晶硅棒、硅片、电池、组件的研发、生产和销售，为光伏集中式地面电站和分布式屋顶开发提供产品和系统解决方案。公司主要产品为太阳能组件及电池、硅片及硅棒、电站建设及服务、电力。公司始终坚持以提升客户价值为核心，通过技术创新驱动提升公司的市场竞争力，多项核心技术与产品处于行业领先地位。

1. 基本产品线与盈利构成

隆基股份是全球最大的单晶硅片供应商。下面来看一下隆基股份的产品销售与利润占比情况，如图9-1所示。

	业务名称	营业收入(元)	收入比例	营业成本(元)	成本比例	利润比例	毛利率
按行业	光伏行业	545.83亿	100.00%	411.46亿	100.00%	100.00%	24.62%
按产品	太阳能组件及电池	362.39亿	66.39%	288.00亿	69.99%	55.36%	20.53%
	硅片及硅棒	155.13亿	28.42%	108.02亿	26.25%	35.05%	30.36%
	电站建设及服务	13.25亿	2.43%	8.53亿	2.07%	3.52%	35.66%
	其他	8.13亿	1.49%	4.43亿	1.08%	2.75%	45.51%
	电力	6.94亿	1.27%	2.48亿	0.60%	3.32%	64.27%
按地区	中国境内	331.22亿	60.68%	248.00亿	60.27%	61.93%	25.13%
	美洲地区	88.41亿	16.20%	68.37亿	16.62%	14.92%	22.67%
	亚太地区	75.23亿	13.78%	56.87亿	13.82%	13.66%	24.40%
	欧洲地区	49.87亿	9.14%	37.37亿	9.08%	9.30%	25.06%
	非洲地区	1.10亿	0.20%	8416.22万	0.20%	0.19%	23.28%

图9-1 隆基股份的产品及收入构成（2020年度）

从图中可以看出，隆基股份的整个收入以光伏行业为主，占到整个收入的100%。整个光伏产业的毛利率为24.62%，在光伏领域，这一毛利率水平已经是比较高的了。

从具体的产量来看，太阳能组件及电池产品的营收占比为66.39%，这是该公司最主要的业务，毛利率为20.53%，贡献了该公司55.36%的利润。在整个公司的产品线中，这部分业务的毛利率几乎是最低的，其实这与该工序技术含量较低有关。硅片即硅棒的营收占比为28.42%，毛利率为30.36%，贡献了35.05%的利润，这是该公司最核心的一项业务，也是技术含量相对较高的一项业务。至于其他业务，如电站建设等都属于下游延伸产业，并非该公司的主要业务。

从产品销售地域上来看，国内销售占比为 60.68%，国外销售占比近 40%，这也符合国内太阳能行业整体的发展态势。

综合来看，该公司产品的毛利率水平在行业内属于较高的，这也反映出该公司在太阳能领域具有较强的竞争能力。

2. 隆基股份财务数据说明

先来看一下隆基股份之前几年的财务与收益数据情况，如表 9-1 所示。

表 9-1 隆基股份财务数据

时间	2020 年	2019 年	2018 年	2017 年	2016 年
每股收益（元）	2.27	1.47	0.75	1.29	0.86
净利润增长率	61.99%	106.4%	−28.24%	130.38%	197.36%
营业总收入（亿元）	545.83	328.97	219.88	163.62	115.31
每股净资产（元）	9.13	7.32	5.67	6.80	5.05
净资产收益率	27.23%	23.93%	16.71%	30.14%	21.77%

注：2017 年、2020 年年报该股有大比例转股情况。

从隆基股份的财务数据情况来看，大家可以获得这样 3 个事实。

第一，从隆基股份历年的净利润增长数据可以看出，近几年来，除了 2018 年受光伏政策变化的影响，隆基股份的净利增速出现了短暂下滑，其他时间都处于高速上升期。最近 2 年有加速的态势，即使 2020 年受疫情的影响，该企业也保持了较高的增速。

第二，从隆基股份的营收来看，该企业的营收始终保持较快的增速，从未来需求来看，该股仍有很大的成长空间。

第三，从该股的净资产收益率水平来看，该股的净资产收益率大都在 20% 以上，这是一个非常优秀的数字。

总之，该公司还是一个相当不错的投资标的，特别是考虑到该公司所处的光伏行业仍处于高速发展期。

3. 隆基股份整体分析

从隆基股份的财务报表中还可以看到，截至 2020 年年底，该公司手中的现金余额为 239.05 亿元左右。对于一家营收 500 多亿元的企业而言，这种现金余量是非常多的。截至 2020 年年底，该公司应收账款达到了 115.35 亿元，预收账款（合同负债）为 50.18 亿元。尽管应收账款偏高，但预收账款情况也不错，这也在一定程度上反映了行业的发展现状。截至 2020 年，该公司的存货在 114.52 亿元左右，仍属于可控的水平。查看该公司 2020 年的研发费用可知，该公司的年度研发费用为 4.99 亿元左右，属于研发投入中等水平，也比较符合光伏行业的情况。

截至 2020 年年底，该股的商誉资产为 1.76 亿元，基本不存在爆雷的风险。总之，该股资产质量不错，尤其是现金流充沛，但应收账款和存货价值过高，存在一定的风险。

4. 隆基股份估值分析

以 2020 年年底每股收益 2.27 元为基准，并以 30% 的净利润增长率计算，2021 年的每股收益为 2.95 元。作为光伏行业的龙头企业，可以考虑按照 30 倍市盈率来为股票估值，其 2021 年的股价预测值为 88.50 元。

下面来看一下隆基股份的日 K 线走势图，如图 9-2 所示。

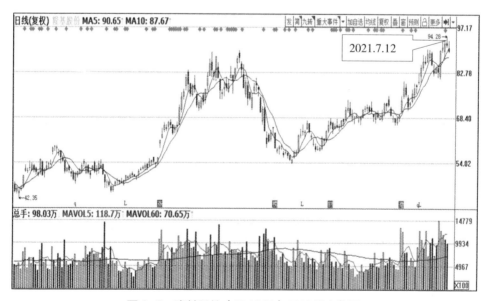

图 9-2　隆基股份（601012）日 K 线走势图

自 2020 年年中开始，随着大盘暴涨，隆基股份的股价出现了大幅走高的走势。到了 2021 年上半年，该股股价经历了一波较大的振荡，并于 2021 年 7 月 12 日创下 94.28 元的阶段高点。通过之前对隆基股份股价的估值分析可知，该股的合理价格应该在 88.50 元左右。也就是说，截至 2021 年 7 月中旬，隆基股份的股价基本运行于估值上方，投资者要想入场，需要控制好风险。

二、新能源汽车领域核心资产——比亚迪

目前，比亚迪是国内新能源企业领域的领军者，位列新能源汽车技术综合实力第一。

比亚迪股份有限公司主要从事新能源汽车及传统燃油汽车在内的汽车业务、手机部件及组装业务、二次充电电池及光伏业务。公司主要产品为二次充电电池及光伏、手机部件及组装、汽车及相关产品。比亚迪处于全球新能源汽车领域的行业领导地位。

1. 基本产品线与盈利构成

比亚迪作为国内新能源汽车主要制造商，其业务主要来自机械、设备制造业务。下面来看一下比亚迪的产品销售与利润占比情况，如图 9-3 所示。

	业务名称	营业收入(元)	收入比例	营业成本(元)	成本比例	利润比例	毛利率
按行业	交通运输设备制造业	839.93亿	53.64%	628.29亿	49.77%	69.74%	25.20%
	日用电子器件制造业	600.43亿	38.34%	533.20亿	42.23%	22.16%	11.20%
	电子元器件制造业	120.88亿	7.72%	96.51亿	7.64%	8.03%	20.16%
	其他	4.74亿	0.30%	4.52亿	0.36%	0.07%	4.63%
按产品	汽车、汽车相关产品及其他产品	839.93亿	53.64%	628.29亿	49.77%	69.74%	25.20%
	手机部件、组装及其他产品	600.43亿	38.34%	533.20亿	42.23%	22.16%	11.20%
	二次充电电池及光伏	120.88亿	7.72%	96.51亿	7.64%	8.03%	20.16%
	其他	4.74亿	0.30%	4.52亿	0.36%	0.07%	4.63%
按地区	中国(包括港澳台地区)	974.68亿	62.24%	729.61亿	57.79%	80.76%	25.14%
	境外	591.30亿	37.76%	532.90亿	42.21%	19.24%	9.88%

图 9-3　比亚迪的产品及收入构成（2020 年度）

从图中可以看出，比亚迪的整个收入以各类制造业为主。

其中，交通运输设备制造业（即汽车、新能源企业以及相关产品）的营收占比为 53.64%，毛利率为 25.20%，贡献了整个公司 69.74% 的利润。由此可见，该项业务为比亚迪第一大业务。

日用电子器件（手机部件、组装及其他产品）的营收占比为 38.34%，毛利率为 11.20%，贡献了该公司 22.16% 的利润。由于该部分业务主要为替国内外知名手机厂商代工，因而毛利率相对较低。很多华为高端手机由比亚迪代工生产。

电子元器件（二次充电电池及光伏）产品的营收占比为 7.72%，毛利率为 20.16%，贡献了该公司 8.03% 的利润。其他业务规模和利润相对较少，可以忽略不计。

从产品销售地域来看，国内销售占比为 62.24%，国外销售占比为 37.76%，这说明比亚迪在国际市场也具有较强的竞争力。不过，从毛利率来看，国外收入远低于国内收入，这说明国外营收中大部分可能来自代工产品。

总之，该公司在新能源汽车行业具有较强的竞争力和影响力，属于较佳的投资标的。

2. 比亚迪财务数据说明

先来看一下比亚迪之前几年的财务与收益数据情况，如表 9-2 所示。

表 9-2 比亚迪财务数据

时间	2020 年	2019 年	2018 年	2017 年	2016 年
每股收益（元）	1.47	0.5	0.93	1.4	1.88
净利润增长率	162.27%	−41.93%	−31.63%	−19.51%	78.94%
营业总收入（亿元）	1 565.98	1 277.39	1 300.55	1 059.51	1 034.7
每股净资产（元）	20.45	19.20	18.80	18.73	17.40
净资产收益率	7.43%	2.62%	4.96%	7.76%	12.91%

从比亚迪的财务数据情况来看，大家可以获得这样 3 个事实。

第一，从比亚迪历年的净利润增长数据可以看出，该股的收益情况并不稳定，过去几年既有过大幅上涨，也有过大幅下跌，这也比较符合过去几年新能源汽车的发展态势。鉴于新能源汽车行业未来的发展潜力，大家有理由相信其未来盈利会更好。

第二，从比亚迪的营收来看，该企业的营收收入始终保持较快的增速，从未来需求来看，该股仍有很大的成长空间。

第三，从该股的净资产收益率水平来看，该股的净资产收益率大都处在 10% 以下，这并不是一个理想的水平，这与新能源汽车尚处投入期有直接的关系。未来，随着新能源汽车销量的增长，净资产收益率势必会随之上升。

总之，该公司还是一个相当不错的投资标的，特别是考虑到该公司所处的新能源汽车行业仍处于快速发展期。

3. 比亚迪整体分析

从比亚迪的财务报表中可以看到，截至 2020 年年底，该公司手中的现金余额为 137.38 亿元左右。对于一家营收在 1 500 多亿元的企业而言，这种现金余量很一般。截至 2020 年年底，该公司应收账款达到了 412.16 亿元，预收账款（合同负债）为 82 亿元左右，尽管应收账款偏高，但预收账款数量也较高，这也在一定程度上反映了行业的发展现状。截至 2020 年，该公司的存货在 313.96 亿元左右，仍属于可控的水平。查看该公司 2020 年的研发费用可知，该公司的年度研发费用为 75 亿元左右，研发投入属于中等水平，也比较符合新能源汽车行业的情况。

截至 2020 年年底，该股的商誉资产不到 6 600 万元，基本不存在爆雷的风险。总之，该股的资产质量不错，但应收账款和存货价值过高，也容易出现一定的风险。

4. 比亚迪估值分析

以 2020 年年底的每股收益 1.47 元为基准，并以 30% 的净利润增长率计算，2021 年的每股收益为 1.91 元。作为新能源汽车行业的龙头企业，可以按照 50 倍市盈率来为股票估值，则其 2021 年的股价预测值为 95.50 元。

下面来看一下比亚迪的日 K 线走势图。

如图 9-4 所示，自 2020 年年中开始，随着大盘暴涨，比亚迪的股价出现了大幅走高的走势。2021 年上半年，该股股价经历了一波较大的振荡，并于 2021 年 2 月 3 日创下 273.37 元的阶段高点。通过之前对比亚迪股价的估值分析可知，该股的合理价格应该在 95.50 元左右。也就是说，截至 2021 年 2 月初，比亚迪的股价远高于预估股价。出现这种情况，一方面说明市场资金对比亚迪后期走势看好，这也反映出市场资金比较青睐新能源汽车概念股票；另一方面，由于股价短线涨幅过大，短期内存在调整的需求。

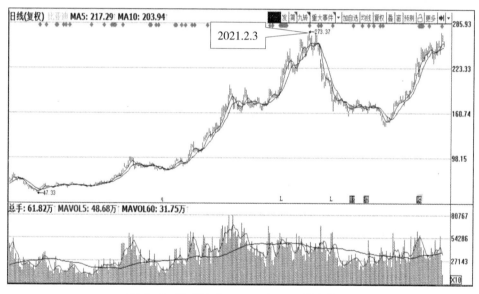

图 9-4　比亚迪（002594）日 K 线走势图

三、动力电池领域核心资产——宁德时代

宁德时代是全球领先的动力电池企业，目前在全球动力电池装机量方面力压 LG、松下，排名第一。

宁德时代新能源科技股份有限公司专注于新能源汽车动力电池系统、储能系统的研发、生产和销售，致力于为全球新能源应用提供一流解决方案。主要产品包括动力电池系统、储能系统、锂电池材料。

1. 基本产品线与盈利构成

作为动力电池主要制造商，宁德时代的营收主要来自动力电池系统、储能系统等业务。下面来看一下宁德时代的产品销售与利润占比情况，如图9-5所示。

	业务名称	营业收入(元)	收入比例	营业成本(元)	成本比例	利润比例	毛利率
按行业	电气机械及器材制造业	503.19亿	100.00%	363.49亿	100.00%	100.00%	27.76%
按产品	动力电池系统	394.26亿	78.35%	289.56亿	79.66%	74.95%	26.56%
	其他业务	55.21亿	10.97%	34.23亿	9.42%	15.02%	38.01%
	锂电池材料	34.29亿	6.81%	27.28亿	7.50%	5.02%	20.45%
	储能系统	19.43亿	3.86%	12.43亿	3.42%	5.01%	36.03%
按地区	境内	424.12亿	84.29%	310.27亿	85.36%	81.50%	26.84%
	境外	79.08亿	15.71%	53.22亿	14.64%	18.50%	32.69%

图9-5　宁德时代的产品及收入构成（2020年度）

从图中可以看出，宁德时代的整个收入以电气机械及器材制造为主，毛利率达到了27.76%，这在制造领域已经是很高的水平了。

从具体的产品来看，动力电池系统的营收占比为78.35%，毛利率为26.56%，贡献了整个公司74.95%的利润。由此可见，该项业务为宁德时代第一大业务。

锂电池材料的营收占比为6.81%，毛利率为20.45%，贡献了该公司5.02%的利润；储能系统的营收占比为3.86%，毛利率为36.03%，贡献了该公司5.01%的利润。

其他业务的营收占比为10.97%，毛利率为38.01%，贡献了该公司15.02%的利润。

从产品销售地域上来看，国内销售占比为84.29%，国外销售占比为15.71%，这说明宁德时代的市场主要还是在国内。同时，考虑到国内新能源汽车的发展现状，未来该公司还有很大的成长空间。

总之，该公司在动力电池行业具有较强的竞争力和影响力，属于较佳的投资标的。

2. 宁德时代财务数据说明

先来看一下宁德时代之前几年的财务与收益数据情况，如表9-3所示。

表9-3　宁德时代财务数据

时间	2020 年	2019 年	2018 年	2017 年	2016 年
每股收益（元）	2.49	2.09	1.64	2.01	1.87
净利润增长率	22.43%	34.64%	−12.66%	35.98%	206.43%
营业总收入（亿元）	503.19	457.88	296.11	199.97	148.79
每股净资产（元）	27.56	17.27	15.01	12.63	8.42
净资产收益率	11.27%	12.78%	11.75%	18.99%	69.55%

从宁德时代的财务数据情况来看，大家可以获得这样 3 个事实。

第一，从宁德时代历年的净利润增长数据可以看出，该股的收益情况并不稳定，过去几年既有过大幅上涨，也有大幅下跌，这比较符合过去几年新能源汽车以及动力电池产业的发展态势。不过，随着新能源企业产业的快速发展，该企业的盈利也会趋于稳定。

第二，从宁德时代的营收来看，该企业的营收始终保持较快的增速，只是 2020 年因疫情的影响增速出现了放缓，从未来需求来看，该股仍有很大的成长空间。

第三，从该股的净资产收益率水平来看，该股的净资产收益率在 10% 以上，考虑到动力电池行业的发展周期，这一净资产收益水平还是不错的。

总之，该公司还是一个相当不错的投资标的，特别是考虑到该公司所处的新能源汽车行业仍处于快速发展期。

3. 宁德时代整体分析

从宁德时代的财务报表还可以看到，截至 2020 年年底，该公司手中的现金余额为 634.32 亿元左右。对于一家营收 500 多亿元的企业而言，这种现金余量是非常充沛的，当然，这与该公司刚刚完成增发融资有关。除此之外，该公司账上还有将近 33 亿元的交易性金融资产，这也是非常有价值的资产。

截至 2020 年年底，该公司的应收账款达到了 211.71 亿元，预收账款（合同负债）为 68.75 亿元左右，应收账款偏高，预收账款不低，这在一定程度上反映了行业的现状。截至 2020 年，该公司的存货在 132.25 亿元左右，仍属于较高的水平。查看该公司 2020 年的研发费用可知，该公司年度研发费用为 35.69 亿元左右，研发投入属于较高水平，也比较符合动力电池行业的特点。

截至 2020 年年底，该股商誉资产 1.48 亿元，基本不存在爆雷的风险。总之，该股的资产质量不错，但应收账款和存货价值过高，也容易出现风险。

4.宁德时代估值分析

以 2020 年年底的每股收益 2.49 元为基准，并以 50% 的净利润增长率计算，2021 年的每股收益为 3.74 元；2022 年仍可能会增长 30%，则每股收益为 4.86 元。作为动力电池行业的龙头企业，可以考虑按照 100 倍市盈率来为股票估值，则其 2021 年的股价预测值为 374 元。

下面来看一下宁德时代的日 K 线走势图，如图 9-6 所示。

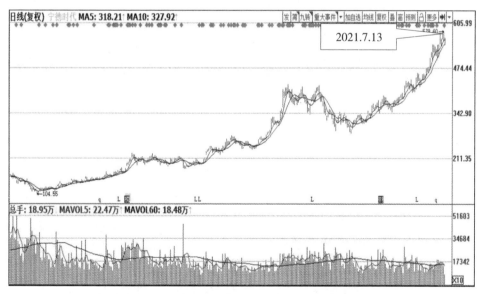

图 9-6　宁德时代（300750）日 K 线走势图

自 2020 年年初开始，宁德时代的股价启动了一波振荡上升行情。在此期间，尽管大盘出现了较大的振荡，但该股股价一直保持振荡上升态势，2021年 7 月 13 日创下 579.60 元的阶段高点。通过之前对宁德时代股价的估值分析可知，该股股价的合理价格应该在 374 元左右，也就是说，截至 2021 年 7月中旬，宁德时代的股价远远高于预估股价。出现这种情况，一方面说明市场资金对宁德时代后期走势看好，也反映出市场资金比较青睐动力电池和新能源汽车概念股票。由于该股股价短期涨幅过大，也存在调整的需求。

第十章

基建板块核心资产

基建板块涵盖了常规行业分类中的建筑施工（基础设施、房屋建设）、水泥、钢铁、工程机械以及其他建材等行业。尽管基建板块的高成长期已经过去，但整个基建行业短期内并不会明显走下坡路，行业内的龙头企业仍将保持强劲的增长势头。

无论是过去还是未来，基建板块内的核心资产股票仍是不可低估的品种。

第一节　基建板块核心资产选择逻辑

从投资的角度看，在大基建板块尽管少见高成长性的牛股，但很多龙头股都是实打实的绩优股。

一、大基建，经济增长的助推剂

从我国经济发展的情况来看，拉动经济增长的三驾马车分别为投资、消费、出口。最近2年，受疫情的影响，消费与出口都遇到了一定的困难，因此，投资在拉动国民经济发展方面的作用更加凸显。在投资领域，基建是最核心的一个领域。

从未来时段来看，投资仍将在拉动经济方面起到重要作用。未来基建还将围绕两大核心方向展开：其一，交通基础设施。包括铁路（含高速铁路、城际铁路以及地下轨道交通等）、公路（含高速公路）、桥梁、隧道、机场、港口等。其二，市政基础设施。随着国民经济的发展，城镇化建设将会逐渐提速。随着城镇化的推进，城市配套的相关基础设施建设（包括给排水系统、污水处理系统、电力供应系统、燃气系统、通信设施等）也必然会同步改善与提升。

与其他行业不同，大基建行业还是一个典型的人力密集型产业。基建行业每年解决了 10% 左右劳动人口就业的问题，从某种意义上来说，大基建行业保持稳定发展，我国的整体就业形势就能稳固。

总之，基建行业在未来若干年内不会明显衰退，甚至还会得到强化。不过，随着经济与科技的发展，对基建行业的要求也越来越严格，基建行业内的企业也要与时俱进，从原来的重视工期、规模等，逐渐转为重视环保、节能、绿色等。身处大基建板块的企业能否把握转型的契机，率先建立独特的竞争优势，将成为未来竞争中能否胜出的关键。

二、基础设施建设还不完善

近些年来，随着国民经济的不断发展，我国的基础设施建设得到了大幅改善，但从整体上来看，仍有很大的完善和改进空间，具体说来包括以下 3 点。

第一，城市基础设施属于整个基础设施建设发展较快的领域，但也存在污染严重、大城市交通拥挤、基础设施管理不到位、质量不达标等诸多问题，这是以后基础设施建设需要强化与改进的方向。

第二，大城市与小城市发现不均衡，东部城市与中西部城市发展不均衡的问题比较突出，中西部城市在基础设施建设方面明显落后于东部城市。

第三，城市与农村基础设施建设发展不均衡。相比较而言，广大农村地区的基础设施还极不完善，无论是道路交通、给排水，还是环境治理等，都远远落后于城市，这也是未来基础设施建设需要加强的领域。

可以这样说，我国基建行业相关企业的机会非常多。

三、交通领域仍然是拉动基建行业的重要力量

从最直接的产业规划方面来看，交通领域仍可能成为拉动基建投资的主

力军，这一点在铁路与公路建设方面非常突出。

1. 公路方面

《国家公路网规划（2013年—2030年）》提出，到2030年构建布局合理、功能完善、覆盖广泛、安全可靠的国家公路网络；国省干线建设、改造步伐加快，西部地区农村公路通畅工程、东中部地区县乡公路改造连通工程建设稳步推进，西藏墨脱公路建成通车；公路养护管理、路网结构改造、桥梁安全运行管理进一步加强。

2. 高速铁路方面

2016年7月，国家发展改革委、交通运输部、中国铁路总公司联合发布了《中长期铁路网规划》，勾画了新时期"八纵八横"高速铁路网建设的宏大蓝图。按照这份规划：

到2025年，铁路网规模达到17.5万公里左右，其中高速铁路3.8万公里左右，网络覆盖进一步扩大，路网结构更加优化，骨干作用更加显著，更好地发挥铁路对经济社会发展的保障作用。

到2030年，铁路网络基本实现内外互联互通、区际多路畅通、省会高铁连通、地市快速通达、县域基本覆盖。

四、新科技赋能大基建

随着科技的发展，新科技与诸多产业进行深度融合已经成为不可逆转的趋势。与此同时，随着环保监管的趋严，也加速了基建行业与科技的融合，一些新材料、新工艺、新技术被广泛地应用到基建行业中，催生了很多新兴的基建产业，比如新材料生产企业、新兴特钢生产企业、环保低碳水泥生产企业。

这些新兴产业的出现，也可能对原有的基建产业竞争格局产生较大的影响。

第二节　基建板块细分领域

基建板块可以细分为多个子领域，包括但不限于以下几个，如图 10-1 所示。

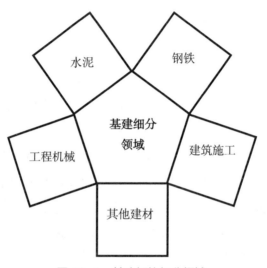

图 10-1　基建板块细分领域

一、水泥

水泥，粉状水硬性无机胶凝材料，本身属于建筑材料中的一种，却是其中最重要的一种。作为重要的胶凝材料，水泥广泛应用于土木建筑、水利、国防等基建工程。

水泥主要以石灰石和黏土为原料，加入辅助材料后经过一定的工艺处理，将其转为熟料，再加入石膏、辅助原料后磨细即可获得水泥。

相对而言，水泥的生产制造工艺并不复杂，但在生产过程中能耗较高，而且还会污染环境。随着环保监管趋严，水泥行业的获利难度无疑将会加大。不过，凡事都有两面性：一方面，从基建或建筑行业来看，水泥永远都是不可或缺的，因而水泥产业不会消失；另一方面，环保监管对于中小型水泥生产企业来说影响可能更大一些，这反而更加有利于行业龙头整合过剩产能，提升行业集中度。

水泥行业中的龙头绩优股是投资者需要重点关注的对象，如海螺水泥、冀东水泥、上峰水泥、华新水泥等。

二、钢铁

钢铁不仅是基建工程中不可或缺的材料，更是现代工业不可缺少的材料。

钢铁本质上是一种铁碳合金，又可以分为生铁和碳钢。在铁基材料中，碳含量的多少对整个合金材料的质地有非常大的影响。一般来说，碳含量在 2%～4.3% 之间的铁基材料称为生铁，碳含量在 0.03%～2% 之间的就是钢。从碳含量上来看，也可以解释大家通常所说的炼铁与炼钢的区别：炼铁就是将铁从铁矿石中还原出来，炼钢则是将生铁中多余的碳和杂质去掉。

从整个钢铁生产行业来看，存在粗钢产能严重过剩，优特钢尤其是高端特钢又难以满足市场需求的问题。因此，兼并重组与淘汰落后产能，将是钢铁行业未来的主要发展趋势。

钢铁行业中的超级龙头股宝钢股份，以及各类特钢产业龙头股如中信特钢、方大特钢、太钢不锈等，都值得重点关注。

三、工程机械

工程机械属于基建工程中不可或缺的机械设备，特别是随着人工成本的增加，工程机械的应用场景和领域也逐渐增加。

通常来说，工程机械是一个泛称，指代从事工程作业的机械。事实上，1979 年，国家计委和第一机械工业部曾对工程机械的范畴进行了明确，主要涵盖 18 个类别：挖掘机械、铲土运输机械、工程起重机械、工业车辆、压实机械、桩工机械、混凝土机械、钢筋及预应力机械、装修机械、凿岩机械、气动工具、铁路路线机械、军用工程机械、电梯与扶梯、工程机械专用零部件等。

不过，现在提及的工程机械并没有那么广，一般指的都是普通的重工工程机械，包括挖掘机械、铲土运输机械、起重机械、压实机械、桩工机械、钢筋混凝土机械、路面机械、凿岩机械、其他工程机械等。

工程机械涉及的细分领域众多，而且几乎每个细分领域都有各自的龙头企业，比如推土机领域的山推股份，叉车领域内的杭叉集团与安徽合力等。投资者研究这一领域时，还是要把重点放在寻找发展潜力大的细分领域龙头股方面。

四、建筑施工

建筑业是国民经济的重要物质生产部门，它与整个国家经济的发展、人民生活的改善有着密切的关系。

建筑施工行业还是吸纳就业人数较多的一个行业，该行业就业人数占总就业人口的比例大约为7%。因此，从稳定就业的角度来看，建筑行业也是关系国计民生的重要行业。建筑行业属于典型的人力密集型行业，工程总金额高，但毛利率低；同时，建筑企业盘子大，想象空间小，这就使得游资不愿意炒作这类股票。由于缺少赚钱效应，散户也很少关注这类股票，这就使得整个建筑类企业股票估值走低。

五、其他建材

从严格定义上来看，整个基建行业可以划分为两大板块：其一为建筑施工，其二为建筑材料。水泥、钢铁等建筑材料相对比较重要，所以在本书中单独讲解。也就是说，这里的其他建材指的就是除了水泥、钢铁之外的其他建筑材料。

其他建材是一个涉及细分领域众多的行业，包括各类管件管材、防水等功能性材料、油漆涂料、五金材料、石膏板等。本书列举的只是众多建材中的一部分，且这些细分领域内都有知名度较高的上市公司。

从投资的角度来看，在整个基建板块中，建材领域是投资机会最多的一个产业，特别是随着人们对于绿色环保越来越重视，以及随着新型科技的应用，都对整个建材行业产生了较大的影响，甚至可能催生出新的细分领域，诞生新的成长性较强的企业。

第三节 基建板块核心资产投资标的

基建板块核心资产标的较多，本节选择其中比较有代表性的 5 只进行简单的介绍，供读者参考。

一、水泥行业大龙头——海螺水泥

海螺水泥目前是国内最大的水泥生产企业，也是盈利能力最强、分红较多的水泥企业。

安徽海螺水泥股份有限公司的主营业务是水泥、商品熟料及骨料的生产、销售。其产品广泛应用于铁路、公路、机场、水利工程等国家大型基础设施建设项目，以及城市房地产、水泥制品和农村市场等。（资料来源：同花顺软件信息平台）

1.基本产品线与盈利构成

海螺水泥属于国内水泥生产领域内的龙头企业，其收入主要来自各类水泥、熟料、骨料的生产和销售。下面来看一下海螺水泥的产品销售与利润占比情况，如图 10-2 所示。

	业务名称	营业收入(元)	收入比例	营业成本(元)	成本比例	利润比例	毛利率
按行业	建材行业(自产品销售)	1068.85亿	60.65%	560.54亿	44.90%	98.90%	47.56%
	建材行业(贸易业务)	410.68亿	23.30%	409.72亿	32.82%	0.19%	0.23%
	其他业务	282.89亿	16.05%	278.22亿	22.28%	0.91%	1.65%
按产品	建材行业(自产品销售)-42.5级水泥	824.85亿	46.80%	430.94亿	34.52%	76.64%	47.76%
	建材行业(贸易业务)	410.68亿	23.30%	409.72亿	32.82%	0.19%	0.23%
	其他业务	282.89亿	16.05%	278.22亿	22.28%	0.91%	1.65%
	建材行业(自产品销售)-32.5级水泥	136.41亿	7.74%	70.38亿	5.64%	12.85%	48.41%
	建材行业(自产品销售)-熟料	95.24亿	5.40%	54.34亿	4.35%	7.96%	42.94%
	建材行业(自产品销售)-骨料及石子	10.25亿	0.58%	3.25亿	0.26%	1.36%	68.34%
	建材行业(自产品销售)-商品混凝土	2.10亿	0.12%	1.64亿	0.13%	0.09%	22.14%

图 10-2 海螺水泥营业收入构成数据（2020 年度）

从图中可以看出，海螺水泥的营业收入主要来自 3 类，即建材自产产品的销售、建材贸易以及其他业务。从销售收入构成及毛利率情况来看，自产建材产品收入占比高达 60.65%，毛利率为 47.56%，占整个公司利润构成的 98.90%，是名副其实的第一大销售收入来源。建材贸易业务的收入占比也达到了 23.30%，但毛利率仅为 0.23%，占总利润的比例更低；其他业务的销售收入和利润占比也都非常低。

从整个收入与利润占比来看，该公司的主业即自产建材产品（包括水泥、骨料、熟料等）市场竞争力极强，其他业务的收入与利润都不高，但有时候正是因为其他业务的存在才拉动了主业的销售。

从细分领域的利润构成来看，骨料及石子的毛利率最高，达到了 68.34%，这与该项业务所需的成本较少有直接关系。自营产品中混凝土这种加工程度最高的产品，反而毛利率最低。

从整个产品线构成来看，该公司的产品毛利率整体较高，这也说明该公司市场竞争力较强，发展潜力和空间较大。

2. 海螺水泥财务数据说明

先来看一下海螺水泥之前几年的财务与收益数据情况，如表 10-1 所示。

表 10-1　海螺水泥财务数据

时间	2020 年	2019 年	2018 年	2017 年	2016 年
每股收益（元）	6.63	6.34	5.63	2.99	1.61
净利润增长率	4.58%	12.67%	88.05%	85.87%	13.48%
营业总收入（亿元）	1 762.43	1 570.3	1 284.03	753.11	559.32
每股净资产（元）	30.54	25.92	21.26	16.87	14.46
净资产收益率	23.62%	27.03%	29.66%	19.12%	11.59%

从海螺水泥的财务数据情况来看，大家可以获得这样 3 个事实。

第一，从海螺水泥历年的净利润及其增长数据可以看出，该股的净利润水平经历了前几年的快速上升后进入稳定期。这与该企业的营收规模已经达到较高水平，未来上升空间相对较小有关。

第二，从海螺水泥的营收来看，该企业的营收 2020 年为 1 762.43 亿元，最近 2 年增速开始回落，这与国内房地产市场景气度下降、大型基础设施建设投资增速下滑有直接的关系，未来营收快速走高的可能性不大，毕竟该企业的营收规模已经非常高了。

第三，从该股的净资产收益率水平来看，该股最近几年的净资产收益率都在 20% 左右，在水泥企业中属于较高水平，在"重资产"的生产制造行业中，已经实属难得了。

单纯从投资效益角度来看，海螺水泥的盈利能力极佳，收益非常高，是一个不错的投资标的。只是由于其营收规模较高，继续增长较为困难，才让市场少了一些想象空间，导致估值水平相对较低。

3. 海螺水泥整体分析

从海螺水泥的财务报表中还可以看到，截至 2020 年年底，该公司手中的现金余额为 166.76 亿元左右。对于一家营收 1 760 多亿元的企业而言，这种现金余量只是一般水平。

截至 2020 年年底，该公司的存货为 70 亿元左右，应收账款为 78.06 亿元。相对于该企业当年 1 760 多亿元的营收而言，这些存货和应收账款财务风险很小。

截至 2020 年，该公司的商誉资产为 5.76 亿元，商誉爆雷风险很小，投资者无须担心。

从该公司整体财务情况来看，财务质量较佳，属于较佳的投资标的。

4. 海螺水泥估值分析

海螺水泥的盈利水平很高，只是因为水泥行业不属于新兴产业，而且面临"碳中和"的压力。未来随着环保监管趋严，该行业内的企业盈利能力势必会受到影响，这都限制了资本市场对该股的估值。

2020 年年底的每股净资产为 30.54 元，按 2 倍市净率给予估值，该股 2020 年的合理估值应该在 61.08 元左右。2020 年该股每股盈利为 6.63 元，以 10% 的增长率计算，2021 年的收益为 7.29 元，按 10 倍市盈率计算，则其股价大致为 72.90 元。也就是说，该股股价合理的波动范围应该在 61.08 元～72.90 元之间。

下面来看一下海螺水泥的日 K 线走势图。

如图 10-3 所示，自 2020 年年中开始，随着股市的上攻，海螺水泥的股价出现了一波上攻走势。2020 年 7 月 30 日，该股股价一度达到 63.56 元的位置。此后，该股股价经过一段时间的振荡下行。到 2021 年 2 月 4 日，该股股价最低到达 48.09 元。

通过之前对海螺水泥股价的估值分析可知，该股股价的合理价格区间应该在 61.08 元～72.90 元之间。这说明海螺水泥的股价一直在估值区域下方运行，该股的投资价值相对较高。当然，该股股价大幅低于估值，也说明市场对于环保监管趋严和"碳中和"等政策目标对企业盈利构成影响的因素还是比较担忧的。

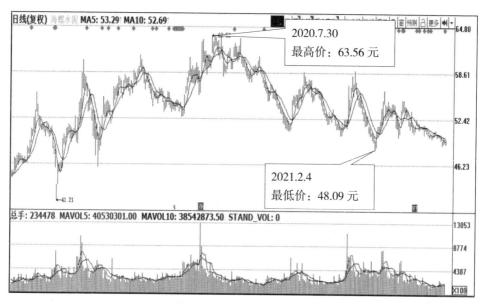

图 10-3　海螺水泥（600585）日 K 线走势图

二、钢铁行业总龙头——宝钢股份

宝钢股份目前是国内最大的钢铁生产企业，属于世界级钢铁联合企业。

现在的宝钢股份是在原宝钢股份吸收合并武钢股份后重组而成的大型钢铁企业。宝钢股份不仅涉足普钢的生产，还涉足特钢和不锈钢等钢材的生产，是名副其实的大型钢铁企业巨无霸。

宝山钢铁股份有限公司是一家专注于钢铁产业的公司，主要钢铁产品分为碳钢、不锈钢和特殊钢三大类，是我国规模最大、最现代化的钢铁联合企业。（资料来源：同花顺软件信息平台）

1. 基本产品线与盈利构成

宝钢股份属于国内钢铁生产领域内的绝对龙头企业，其收入主要来自各类钢铁制品的生产和销售。下面来看一下宝钢股份的产品销售与利润占比情况，如图 10-4 所示。

	业务名称	营业收入（元）	收入比例	营业成本（元）	成本比例	利润比例	毛利率
按行业	加工配送	2681.00亿	94.25%	2638.56亿	104.19%	13.59%	1.58%
	钢铁制造	2150.45亿	75.60%	1909.52亿	75.40%	77.17%	11.20%
	其他	161.96亿	5.69%	123.25亿	4.87%	12.40%	23.90%
	分部间抵销	-2148.76亿	-75.54%	-2138.87亿	-84.46%	-3.17%	-
按产品	冷轧碳钢板卷	878.04亿	44.29%	758.71亿	43.48%	50.18%	13.59%
	热轧碳钢板卷	690.08亿	34.81%	612.31亿	35.09%	32.70%	11.27%
	其他钢铁产品	203.43亿	10.26%	181.30亿	10.39%	9.31%	10.88%
	钢管产品	115.31亿	5.82%	109.13亿	6.25%	2.60%	5.36%
	长材产品	79.07亿	3.99%	67.54亿	3.87%	4.85%	14.58%
	其他业务	16.73亿	0.84%	15.87亿	0.91%	0.36%	5.16%
按地区	境内市场	2574.75亿	90.51%	2272.94亿	89.75%	96.68%	11.72%
	境外市场	269.90亿	9.49%	259.52亿	10.25%	3.32%	3.85%

图 10-4　宝钢股份营业收入构成数据（2020 年度）

从图中可以看出，宝钢股份的营业收入主要来自 3 类，即加工配送、钢铁制造以及其他业务。从 3 项业务的收入构成来看，加工配送业务的重点方向还是在企业内部各分部之间进行，加工配送和钢铁制造两者的收入构成远超企业实际的收入。

从销售收入构成及毛利率情况来看，冷轧碳钢板卷产品的营收占比最高，为 44.29%，毛利率为 13.59%，利润占比更是达到了 50.18%；热轧碳钢板卷的营收占比为 34.81%，毛利率为 11.27%，利润占比为 32.70%。以上是构成宝钢股份收入最大的两项，其他产品的营收占比和利润占比均较低。

从毛利率情况来看，在制造业领域中，宝钢股份的毛利率水平并不算高，但在钢铁行业内已经是非常不错的水平了，更何况钢铁企业的规模较大，产品价值相对较高。

从产品销售地区来看，国内市场的营收占比达到了90.51%，国外销售占比仅为9.49%。也就是说，国内销售居于主要地位。

2. 宝钢股份财务数据说明

先来看一下宝钢股份之前几年的财务与收益数据情况，如表10-2所示。

表10-2　宝钢股份财务数据

时间	2020年	2019年	2018年	2017年	2016年
每股收益（元）	0.57	0.56	0.96	0.86	0.41
净利润增长率	0.91%	−41.43%	11.89%	111.22%	861.02%
营业总收入（亿元）	2 844.36	2 924.32	3 055.07	2 894.98	2 464.21
每股净资产（元）	8.28	7.99	7.94	7.38	7.37
净资产收益率	7.03%	7.05%	12.71%	12.24%	7.68%

从宝钢股份的财务数据情况来看，大家可以获得这样3个事实。

第一，从宝钢股份历年的净利润及其增长数据可以看出，该股的净利润水平在最近几年出现了较大波动，这与2017年吸收换股合并武钢有直接的关系。

第二，从宝钢股份的营收来看，该企业的营收2020年为2 844.36亿元，最近2年营收开始回落，这与整个钢铁行业产能过剩存在直接关系。

第三，从该股的净资产收益率水平来看，该股最近几年的净资产收益率在7%左右，在吸收合并武钢后，整体收益率出现了明显的下降。合并之前，宝钢股份的成本控制非常好，未来也有希望通过向武钢输出管理体系，从整体上提升武钢的管理水平，带动整个集团的净资产收益率提升。

单纯从投资效益角度来看，目前宝钢股份的盈利能力尚可，但净资产收益率走低，加之钢铁行业去产能、铁矿石价格走高以及碳中和等，都会对钢铁行业产业一定的影响。正是以上种种原因，导致市场资金对钢铁企业有所担忧。

3. 宝钢股份整体分析

从宝钢股份的财务报表可以看到，截至 2020 年年底，该公司手中的现金余额为 150 亿元左右。对于一家营收 2 800 多亿元的企业而言，这种现金余量只是一般水平。

截至 2020 年年底，该公司存货接近 400 亿元，应收账款为 106 亿元。相对于该企业每年 2 800 多亿元的营收而言，这些存货和应收账款财务风险很小。这里还有一点需要关注，宝钢股份的预收账款（2020 年改为合同负债）达到了 260 亿元的水平，这说明该企业对下游的控制力非常强，体现了企业的强大竞争力。

2020 年，宝钢股份的研发费用为 87 亿元，已经连续 2 年超过 80 亿元，这是其他钢铁企业无法相比的，庞大的研发支出保证了宝钢股份未来的竞争力。

截至 2020 年，该公司的商誉资产为 5.61 亿元，商誉爆雷风险很小，投资者无须担心。

另外，宝钢股份连续多年进行大比例现金分红，充分体现了其对投资者负责的态度。从该公司整体财务情况来看，财务质量较佳，属于较好的投资标的。

4. 宝钢股份估值分析

宝钢股份的盈利水平尚可，只是因为钢铁行业属于重资产行业，净资产收益率相对较低。另外，由于面临"碳中和"的压力以及环保监管趋严，钢铁行业内的企业盈利能力势必会受到影响，这都限制了市场资本对该股的估值。

2020 年年底该股每股盈利为 0.57 元，若未来能够保持 20% 的净利增速，则 2021 年的每股盈利至少为 0.68 元，以 20 倍市盈率为基准计算，其股价预计为 13.60 元。考虑到钢铁行业的特殊性，可以为该股估值打个 7 折，则其股价为 9.52 元。考虑到 2020 年受疫情的影响较大，2021 年该股净利可能会出现较快速度的增长。那么，该股股价最低也应在 10 元以上。

下面来看一下宝钢股份的日 K 线走势图。

如图 10-5 所示，宝钢股份的股价 2020 年一直处于振荡上升趋势，到 2021 年 3 月中旬，该股股价来到了 9.54 元的阶段高点，此后股价出现回落。

通过之前对宝钢股份股价的估值分析可知，该股合理的价格区间应该在 9.52 元～13.60 元之间。这说明宝钢股份的股价一直在估值区域下方运行，该股的投资价值相对较高。当然，该股股价大幅低于估值，也说明市场对于钢铁产业去产能、环保监管趋严和"碳中和"等对企业盈利构成的影响还是比较担忧的。不过，从宝钢股份的股价走势来看，市场的悲观气氛有所缓解，资金已经开始积极布局钢铁行业了。

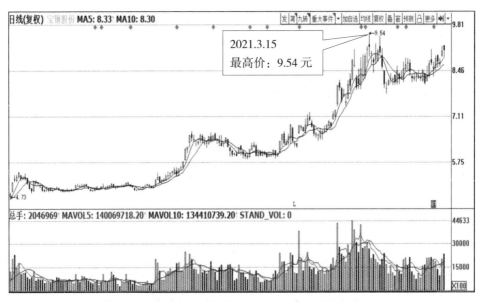

图 10-5　宝钢股份（600019）日 K 线走势图

三、挖掘机行业巨头——三一重工

三一重工是国内工程机械行业的龙头企业，特别是在挖掘机、起重机、混凝土机械等领域，三一重工占据行业领先地位。

三一重工股份有限公司是一家主要从事混凝土机械、路面机械、履带起重机械、桩工机械、挖掘机械、汽车起重机械制造和销售的公司，属于工程机械行业。公司是国内混凝土机械龙头企业，主要产品包括拖式混凝土输送泵、混凝土输送泵车、全液压振动压路机、摊铺机、挖掘机、平地机等。（资料来源：同花顺软件信息平台）

1. 基本产品线与盈利构成

三一重工是国内工程机械领域内的龙头企业，其收入主要来自各类工程机械设备的生产和销售。下面来看一下三一重工的产品销售与利润占比情况，如图 10-6 所示。

	业务名称	营业收入(元)	收入比例	营业成本(元)	成本比例	利润比例	毛利率
按行业	工程机械行业	968.25亿	97.47%	674.91亿	96.80%	99.03%	30.30%
	其他业务	25.17亿	2.53%	22.29亿	3.20%	0.97%	11.47%
按产品	挖掘机械	375.28亿	37.78%	245.16亿	35.16%	43.93%	34.67%
	混凝土机械	270.52亿	27.23%	196.66亿	28.21%	24.93%	27.30%
	起重机械	194.09亿	19.54%	152.03亿	21.81%	14.20%	21.67%
	桩工机械	68.25亿	6.87%	37.57亿	5.39%	10.36%	44.95%
	其他	32.06亿	3.23%	24.15亿	3.46%	2.67%	24.66%
	路面机械	28.04亿	2.82%	19.33亿	2.77%	2.94%	31.06%
	其他业务	25.17亿	2.53%	22.29亿	3.20%	0.97%	11.47%
按地区	国内	827.20亿	83.27%	567.74亿	81.43%	87.59%	31.37%
	国际	141.04亿	14.20%	107.18亿	15.37%	11.43%	24.01%
	其他业务	25.17亿	2.53%	22.29亿	3.20%	0.97%	11.47%

图 10-6 三一重工营业收入构成数据（2020 年度）

从图中可以看出，三一重工的营业收入主要来自工程机械行业和其他业务，其中工程机械营收占比达到了 97.47%，毛利率为 30.30%，属于一个非常不错的水平。

从销售收入构成及毛利率情况来看，挖掘机产品的营收占比最高，为 37.78%，毛利率为 34.67%，利润占比为 43.93%；混凝土机械的营收占比为 27.23%，毛利率为 27.30%，利润占比为 24.93%；起重机械的营收占比为 19.54%，毛利率为 21.67%，利润占比为 14.20%；桩工机械的营收占比为

6.87%，毛利率为 44.95%，利润占比为 10.36%。以上 4 类业务共同构成了三一重工最核心的收入。其他业务的营收和利润占比相对较少。

从销售地域来看，国内销售的占比为 83.27%，国际业务销售的占比为 14.20%，这说明该公司在国际市场具有一定的影响力，但重心仍在国内。

从毛利率情况来看，作为制造企业，三一重工的毛利率超过了 30%，这已经是一个非常不错的水平了，这也说明该公司在整个行业内部具有较强的竞争力。

作为工程机械领域内的龙头，随着国家对高端制造领域扶持力度的加强，该股有望获得更好的成长空间。

总之，该企业的竞争力还是非常不错的，是一个值得投资的优质标的。

2. 三一重工财务数据说明

先来看一下三一重工之前几年的财务与收益数据情况，如表 10-3 所示。

表 10-3　三一重工财务数据

时间	2020 年	2019 年	2018 年	2017 年	2016 年
每股收益（元）	1.84	1.37	0.79	0.27	0.03
净利润增长率	36.25%	85.18%	192.33%	928.35%	4 001.13%
营业总收入（亿元）	1 000.54	762.33	558.22	383.35	232.80
每股净资产（元）	6.67	5.27	3.99	3.27	2.91
净资产收益率	29.64%	28.71%	21.45%	8.69%	0.89%

从三一重工的财务数据情况来看，大家可以获得这样 3 个事实。

第一，从三一重工历年的净利润及其增长数据可以看出，该股最近几年都保持了较高的增速，即使 2020 年受到了疫情的影响，该股还是实现了 36.25% 的净利增速，这说明该股的盈利能力还是非常强的。

第二，从三一重工的营收来看，该企业的营收在 2020 年达到了 1 000 多亿元，这说明该股的营收已经具备了一定的规模。但考虑到该股在行业内的地位以及工程机械的市场容量，未来仍有较大的增长空间。

第三，从该股的净资产收益率水平来看，该股最近 2 年的净资产收益率显著提升，2020 年达到了 29.64% 的水平，这是一个非常优秀的数字。

单纯从投资效益角度来看，目前三一重工的盈利能力非常强，同时净资产收益率较高。尤其是考虑到其在工程机械领域内的地位，该股的估值可看高一线。

3. 三一重工整体分析

从三一重工的财务报表可以看到，截至 2020 年年底，该公司手中的现金余额为 41.82 亿元左右。对于一家营收达到 1 000 多亿元的企业而言，这种现金余量还是显得有些不足。

截至 2020 年年底，该公司存货接近 192 亿元，应收账款为 217.65 亿元。相对于该企业每年 1 000 多亿元的营收而言，这些存货和应收账款财务风险不大。这里还有一点需要关注，三一重工的预收账款（2020 年改为合同负债）为 17.39 亿元，这说明该企业对下游的控制力还不错。

2020 年，三一重工的研发费用在 49.92 亿元，考虑到三一重工 1 000 多亿元的营收和超过 53 亿元的销售费用，研发投入不算很大。

截至 2020 年，该公司的商誉资产为 5 000 万元左右，几乎不存在商誉爆雷风险。

从该公司整体财务情况来看，财务质量尚可。研发费用略低，可能会影响未来的竞争能力。

4. 三一重工估值分析

三一重工的盈利水平未来有望进一步上扬，特别是该企业在工程机械市场保持了强大的竞争力，未来随着工程机械行业的快速发展，该公司的业绩有望进一步抬升。

2020 年年底该股每股盈利为 1.84 元，若未来能够保持 20% 的净利增速，则 2021 年的每股盈利至少为 2.21 元。以 20 倍市盈率为基准计算，其股价预计为 44.20 元。

下面来看一下三一重工的日 K 线走势图。

如图 10-7 所示，三一重工的股价 2020 年一直处于振荡上升趋势中，2021 年 2 月中旬，该股股价来到了 50.30 元的阶段高点。此后，该股股价出现了振荡回调，到 5 月中旬，该股股价已经回落至 28 元以下区域。

通过之前对三一重工的估值分析可知，该股的合理价格应该在 44.20 元左右。这说明三一重工的股价在 2021 年 5 月后一直在估值下方运行，该股的投资价值相对较高。

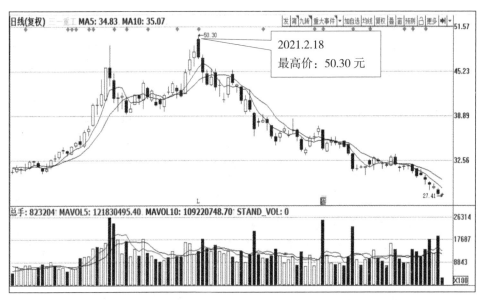

图 10-7　三一重工（600031）日 K 线走势图

四、液压领域核心供应商——恒立液压

恒立液压属于国内液压系统领域内的绝对龙头，该公司的挖掘机专用油缸产品市场占有率达 50% 以上。

江苏恒立液压股份有限公司是一家专业生产液压元件及液压系统的公司。公司产品从液压油缸制造发展成为涵盖高压油缸、高压柱塞泵、液压多路阀、工业阀、液压系统、液压测试台及高精密液压铸件等产品研发和制造的大型综合性企业。（资料来源：同花顺软件信息平台）

1.基本产品线与盈利构成

恒立液压是国内挖掘机油缸领域内的龙头企业，其收入主要来自各类交通运输设备的生产和销售。下面来看一下恒立液压的产品销售与利润占比情况，如图10-8所示。

	业务名称	营业收入(元)	收入比例	营业成本(元)	成本比例	利润比例	毛利率
按行业	机械装备制造	78.38亿	99.78%	43.87亿	99.90%	99.63%	44.03%
	其他业务	1711.47万	0.22%	440.11万	0.10%	0.37%	74.28%
按产品	液压油缸	44.97亿	57.25%	23.92亿	54.48%	60.76%	46.80%
	液压泵阀	23.38亿	29.77%	11.16亿	25.42%	35.28%	52.27%
	配件及铸件等	8.45亿	10.76%	7.93亿	18.06%	1.52%	6.22%
	液压系统	1.57亿	2.00%	8523.73万	1.94%	2.07%	45.69%
	其他业务	1711.47万	0.22%	440.11万	0.10%	0.37%	74.28%
按地区	国内销售	69.12亿	88.00%	38.23亿	87.07%	89.17%	44.69%
	国外销售	9.26亿	11.78%	5.63亿	12.83%	10.46%	39.15%
	其他业务	1711.47万	0.22%	440.11万	0.10%	0.37%	74.28%

图10-8　恒立液压营业收入构成数据（2020年度）

从图中可以看出，恒立液压的营业收入主要来自机械装备制造业，该类业务毛利率达到44.03%，利润占比达到99.63%。

从具体的产品销售收入构成及毛利率情况来看，液压油缸产品的营收占比最高，为57.25%，毛利率为46.80%，利润占比为60.76%；液压泵阀的营收占比为29.77%，毛利率为52.27%，利润占比为35.28%。以上两大业务共同构成了恒立液压最核心的两项收入。其他业务的营收和利润占比相对较少。

从销售地域上来看，国内销售的占比为88%，国外销售的占比为11.78%。公司在国际市场虽有一定的销量，但国内市场核心产品的毛利率达到了44.03%，特别是最为核心的两大产品的毛利率均超过了45%，这是十分可观的数字，也反映出该公司产品的市场竞争力非常之强。

作为挖掘机油缸领域的龙头，随着国家对高端制造领域扶持力度的加强，该股有望获得更好的成长空间。

总之，该企业的竞争力还是非常强的，是一个值得投资的优质标的。

2. 恒立液压财务数据说明

先来看一下恒立液压之前几年的财务与收益数据情况，如表10-4所示。

表10-4　恒立液压财务数据

时间	2020 年	2019 年	2018 年	2017 年	2016 年
每股收益（元）	1.73	0.99	0.95	0.43	0.11
净利润增长率	73.88%	54.93%	119.05%	442.90%	10.77%
营业总收入（亿元）	78.55	54.14	42.11	27.95	13.70
每股净资产（元）	5.6	6.33	5.16	6.10	5.56
净资产收益率	34.73%	24.32%	19.94%	10.39%	2.02%

注：2017 年、2019 年年报有大比例送股情况。

从恒立液压的财务数据情况来看，大家可以获得这样 3 个事实。

第一，从恒立液压历年的净利润及其增长数据可以看出，该股的净利润增速在最近几年出现了明显加速，但整体上仍维持了快速上升态势。即使2020 年遭遇了疫情影响，该股还是保持了 70% 以上的增速。

第二，从恒立液压的营收来看，该企业的营收 2020 年不足 80 亿元，这说明该股的营收规模仍不是很大，未来仍有提升的空间。

第三，从该股的净资产收益率水平来看，该股最近 2 年的净资产收益率随着净利增速的提升而加快，2020 年甚至超过了 30%，这是一个非常优秀的数字，也是其他企业很难达到的一个数字。

单纯从投资效益角度来看，目前恒立液压的盈利能力非常强，同时净资产收益率较高。尤其是考虑到其在挖掘机油缸领域内的地位，该股的估值可看高一线。

3. 恒立液压整体分析

从恒立液压的财务报表中还可以看到，截至 2020 年年底，该公司手中的现金余额为 25.74 亿元左右。对于一家营收不到 80 亿元的企业而言，这种现金余量还是不错的。

截至 2020 年年底，该公司的存货接近 12.17 亿元，应收账款为 17.65 亿元。相对于该企业每年不到 80 亿元的营收而言，这些存货和应收账款财务风险不大。这里还有一点需要关注，恒立液压的预收账款和合同负债合计为 2.95 亿元，这说明该企业对下游的控制力还不错。

2020 年，恒立液压的研发费用为 3.09 亿元，考虑到恒立液压的营收水平将近 80 亿元，这种研发投入还是有些偏低。

截至 2020 年，该公司的商誉资产为 28.61 万元，不存在商誉爆雷风险。

从该公司整体财务情况来看，财务质量非常不错，只是研发费用略低，可能会影响未来的竞争能力。

4. 恒立液压估值分析

恒立液压的盈利水平未来有望进一步上扬，特别是该企业在挖掘机油缸市场保持了强大的竞争力，未来随着工程机械行业的快速发展，该公司的业绩有望进一步抬升。

2020 年年底，该股每股盈利为 1.73 元，若未来能够保持 50% 的净利增速（事实上，最近几年都高于 50%），则 2021 年每股盈利至少为 2.60 元。以 50 倍市盈率为基准计算，其股价预计为 130 元。考虑到其过高的商誉和营收规模情况，可以为股价打个 8 折，则股价应为 104 元。

下面来看一下恒立液压的日 K 线走势图。

如图 10-9 所示，恒立液压的股价 2020 年一直处于振荡上升趋势中，2021 年 1 月 8 日，该股股价来到了 137.66 元的阶段高点。此后，该股股价出现了振荡回调，到 5 月中旬，该股股价已经回落至 80 元以下区域。

通过之前对恒立液压股价的估值分析可知，该股股价的合理价格区间应该在 104 元～130 元之间。这说明在 2021 年 5 月以后，恒立液压的股价一直在估值区域的下方运行，该股的投资价值相对较高。

图 10-9　恒立液压（601100）日 K 线走势图

五、防水保温材料龙头——东方雨虹

东方雨虹是国内工程防水材料领域内的领军企业，在特高压开关领域具有较强的竞争力。

北京东方雨虹防水技术股份有限公司是一家集研发、生产、销售、技术咨询和施工服务为一体的专业化建筑防水系统企业，公司主要从事新型建筑防水材料的研发、生产、销售及防水工程施工业务。

1. 基本产品线与盈利构成

东方雨虹作为一家以新型建筑防水材料研发、生产、销售为代表的企业，其收入主要来自各类防水材料与工程业务。下面来看一下东方雨虹的产品销售与利润占比情况，如图 10-10 所示。

从图中可以看出，东方雨虹的收入来源相对简单，即防水材料与防水工程施工。

其中，防水材料销售收入占比为 79.37%，毛利率为 39.86%，利润占比为 85.41%，为该公司第一大收入来源；防水工程施工收入占比为 15.20%，毛利率为 28.48%，利润占比为 11.69%。其他业务贡献的利润相对要少很多。

	业务名称	营业收入(元)	收入比例	营业成本(元)	成本比例	利润比例	毛利率
按行业	防水材料销售	172.47亿	79.37%	103.72亿	75.81%	85.41%	39.86%
	防水工程施工	33.04亿	15.20%	23.63亿	17.27%	11.69%	28.48%
	其他收入	11.03亿	5.08%	8.80亿	6.43%	2.77%	20.23%
	材料销售	7671.51万	0.35%	6630.10万	0.48%	0.13%	13.57%
按产品	防水卷材	112.33亿	51.69%	68.35亿	49.96%	54.64%	39.15%
	防水涂料	60.14亿	27.67%	35.37亿	25.85%	30.77%	41.19%
	防水施工	33.04亿	15.20%	23.63亿	17.27%	11.69%	28.48%
	其他收入	11.03亿	5.08%	8.80亿	6.43%	2.77%	20.23%
	材料销售	7671.51万	0.35%	6630.10万	0.48%	0.13%	13.57%
按地区	中国境内	214.81亿	98.85%	135.21亿	100.00%	100.00%	37.06%
	其他国家或地区	2.47亿	1.14%	—	—	—	—
	中国香港及中国澳门	273.44万	0.01%	—	—	—	—

图 10-10　东方雨虹的产品及收入构成（2020 年度）

从毛利率情况来看，该公司产品整体毛利率水平较佳，境内销售业务的平均值达到 37.06%，这在工程材料和工程施工领域已经是不错的数据了。

从销售地区来看，境内销售收入占比为 98.85%。由此可见，该公司的业务重点还是在境内。

总体上来说，该公司的业务比较集中，毛利率水平较高，这说明企业产品的竞争力较强，未来发展可期。该公司生产的防水材料为城市轨道交通工程和其他工程建设不可或缺的材料，市场空间非常广阔。

2. 东方雨虹财务数据说明

先来看一下东方雨虹之前几年的财务与收益数据情况，如表 10-5 所示。

表 10-5　东方雨虹财务数据

时间	2020 年	2019 年	2018 年	2017 年	2016 年
每股收益（元）	1.51	0.93	1.01	0.83	1.22
净利润增长率	64.03%	36.98%	21.74%	20.43%	40.97%
营业总收入（亿元）	217.30	181.54	140.46	102.93	70
每股净资产（元）	6.22	6.27	5.02	7.14	5.64
净资产收益率	27.37%	21.99%	20.36%	21.91%	23.17%

注：2017 年、2019 年均有大比例转股情况。

从东方雨虹的财务数据情况来看，大家可以获得这样 3 个事实。

第一，从东方雨虹历年的净利润增长数据可以看出，该公司的整体净利润一直保持了较快的增长，而且存在加速上扬的迹象。

第二，从东方雨虹的营收来看，该企业的营收在最近几年同步出现了持续增长态势，2020 年已经越过 200 亿元的门槛，这对很多企业来说是一个较为重要的关口。

第三，从该股的净资产收益率水平来看，净资产收益率表现得非常稳定和优秀，2020 年达到了 27.37%，这是一个非常不错的数字。另外，净资产收益率水平最近几年一直保持在 20% 以上，这也是十分难得的。

从长远来看，结合该股所处的行业和技术实力，可以预判该股的发展潜力还是不错的，属于一只典型的绩优成长股。

3. 东方雨虹整体分析

从东方雨虹的财务报表中还可以看到，截至 2020 年年底，该公司手中的现金余额为 55.72 亿元。对于一家营收规模刚过 200 亿元的企业而言，这种现金余量还是不错的。截至 2020 年年底，该公司应收账款接近 77 亿元，存货为 11.99 亿元，这都属于较高水平，投资者需要注意防控风险。

截至 2020 年年底，该公司的商誉为 0.68 亿元，基本处于可控范围，没有爆雷风险。

2020 年度，该企业的研发费用为 4.64 亿元，销售费用为 17.88 亿元，管理费用为 12.61 亿元。从三大费用对比来看，该公司研发费用稍显不足，企业未来竞争力有被削弱的可能。

从东方雨虹的资产情况来看，该公司的资产质量尚可，资产负债率为 46.74%，基本处于可控的水平。

总体上来说，该股资产质量尚可，费用管理还有进一步提升和改进的空间，投资者可将其列为重点关注标的。

4. 东方雨虹估值分析

以 2020 年年底每股收益 1.51 元为基准，并以 30% 的净利润增长率计算，

2021 年的每股收益为 1.96 元。按照 30 倍市盈率来为股票估值，其 2021 年的股价预测值为 58.80 元。若该股的净利润增速能够达到 30%，那么该股 30 倍市盈率对应的 PEG 值仅为 1，属于较低水平。若考虑该企业的成长性及其在行业内的地位，以 40 倍市盈率为基准计算，则 PEG 值为 1.33，尚可接受，其股价则为 78.40 元。

下面来看一下东方雨虹的日 K 线走势图。

如图 10-11 所示，由于业绩持续向好，东方雨虹最近 2 年一直呈现振荡上扬态势。到了 2021 年 2 月 18 日，该股股价一度触及 57.60 元的高点。此后该股股价振荡回落，但股价一直徘徊在 50 元附近。

通过之前对东方雨虹股价的估值分析可知，该股合理的价格区间应该在 58.80 元～78.40 元之间。也就是说，截至 2021 年 4 月中旬，东方雨虹的价格仍低于估值区间，投资价值较大。

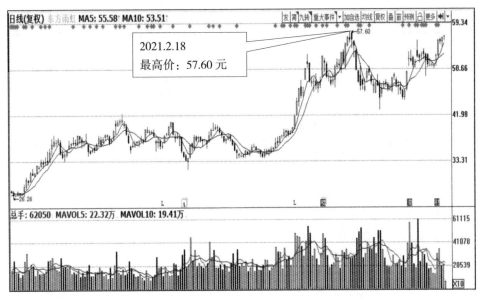

图 10-11 东方雨虹（002271）日 K 线走势图

投资理财类书目

书名	作者	定价（元）
七天学会缠论：从入门到精通	禅世雕龙	59.00
缠中说禅：教你炒股票108课（全2册）	禅世雕龙	158.00
保险应该这样买	尹 娜	49.00
股票投资实战技法	谢 锐	59.00
涨停板实战技法	谢 锐	42.00
筹码分布技术精讲与实战操盘	郭晓静	39.00
MACD 指标精讲与实战操盘	郭晓静	39.00
布林线指标精讲与实战操盘	郭晓静	39.00
均线指标精讲与实战操盘	郭晓静	39.00
KDJ 指标精讲与实战操盘	郭晓静	39.00
股票画线技术入门与技巧（修订升级版）	刘振清	49.00
可转债投资黄金宝典	阿 秋	42.00
黄金交易高效战法	刘堂鑫	49.00
炒股实战技法	江道波	59.00
共振信号：技术指标实战经典组合	麻道明	65.00
股票操作入门全攻略	金 铁	59.00
一本书读懂可转债	张赞鑫	45.00
缠中说禅：教你炒股票陷阱论与交易心理建设	培 峰	69.00
投资股市7堂课——从新手到高手的操盘之路	予 然	42.00
分时图超短线实战：分时图捕捉买卖点技巧	郭建勇	49.00
背离技术实战	股海淘金客	38.00
零基础学股票型基金从入门到精通	股震子	45.00
零基础学指数型基金从入门到精通	股震子	39.90
零基础学债券型基金从入门到精通	股震子	39.90
零基础学 K 线	张赞鑫	39.00
零基础学选股	张赞鑫	39.00

书名	作者	定价（元）
零基础学股票估值	张赞鑫	39.00
零基础学趋势交易技术	股震子	55.00
零基础学价值投资	股震子	49.00
股市擒牛 15 式	李星飞	38.00
零基础学股票投资从入门到精通	股震子	58.00
零基础学基金投资从入门到精通	股震子	48.00
零基础学期货投资从入门到精通	刘振清	59.00
短线操盘术	麻道明	59.00
看图学 K 线——实用 K 线图解大全	麻道明	69.00
看图学技术指标——实用技术指标图解大全	麻道明	59.00
阳线核心战法	麻道明	59.00
阴线核心战法	麻道明	59.00
K 线实战技术分析	张 文	48.00
选对保险避开坑——保险业务员不会告诉你的事	周小树	52.00
从零开始学炒股：波浪理论	股震子	42.00
从零开始学炒股：道氏理论	股震子	42.00
教你炒股票：缠论精解与实战应用	培 峰	58.00
强势股操盘技术入门与精解	股震子	38.00
股市交易圣典	谢 锐	58.00
八大涨停板战法	马重祥 马 超	38.00
涨停起爆战法	马重祥 马 超	38.00
成长股操盘技术入门与实战精解	股震子	35.00
从零开始学炒股：背驰操盘术	黄凤祁	48.00
从零开始学炒股：MACD 操盘术	黄凤祁	48.00
外汇交易精解	邢孝寒	58.00
选出大牛股——波浪理论实战技巧	戈 岩	48.00
四大经典技术指标必胜术	戈 岩	48.00
一把直尺闯天下——股票操作中的画线方法与应用技巧	戈 岩	48.00

续表

书名	作者	定价（元）
精准把握买卖点	戈 岩	48.00
成交量核心技术	金 铁	45.00
主力行为分析核心技术	金 铁	45.00
金属期货	付上金	58.00
玩转大非农——黄金、外汇、原油非农行情实战技法	刘堂鑫	49.00
波段交易技术入门与技巧	黄金磊	38.00
涨停板交易技术入门与技巧	郭晓静	38.00
财务指标解析与实战	曹明成 谭 文	29.80
RSI 指标入门与实战精解	刘振清	35.00
股价结构：波浪与形态	华 强	35.00
神秘均线擒牛股——股市南山兵法	周国夫	32.00
从零开始学看盘	付 刚	58.00
盘口分时图核心技术	金 铁	45.00
K 线图核心技术	金 铁	45.00
均线核心技术	金 铁	45.00
缠中说禅：教你炒股票（解盘答问篇）（上、下）	培 峰	108.00
趋势交易实战——象限四度交易法	张文义	42.00
孝寒点位交易法	邢孝寒	38.00
新股民炒股全攻略	黄 金	58.00
涨停盘口定式	曹明成 谭 文	38.00
短线炒股必杀技	曹明成 谭 文	38.00
成交量分析入门与实战精解	刘振清	35.00
分时图分析入门与实战精解	刘振清	35.00
均线指标入门与实战精解	刘振清	35.00
宝塔线指标入门与实战精解	刘振清	35.00
筹码分布技术入门与实战精解	刘振清	35.00
现货石油交易实战宝典	张耿豪 饶 斌	38.00
股市晴雨表	［美］威廉·P.汉密尔顿	36.00